靖国戦後秘史

A級戦犯を合祀した男

毎日新聞「靖国」取材班

角川文庫
19329

目次

第三部　戦後の慰霊の行方

［靖国神社の戦後史年表］

宮司	権宮司	年	主な出来事
鈴木孝雄	45～48 横井時常	1945	太平洋戦争終結、ＧＨＱの占領開始
46 筑波藤麿		46	宗教法人靖国神社設立の登記終了
		47	初めて「みたま祭」が行われる
	48～79 池田良八	48	東京裁判でＡ級戦犯二十五被告に有罪判決
		52	サンフランシスコ講和条約発効、ＧＨＱの占領が解消
		53	日本遺族会設立
		56	自民、社会両党が靖国神社・国家護持法案の要綱を初めて発表
		57	厚生省と靖国神社の合祀打合会開始
		59	千鳥ヶ淵戦没者墓苑完成、北白川宮能久親王・同永久王を合祀
		63	筑波宮司夫妻が平和宗教使節団として訪欧
		65	鎮霊社を建立
		66	厚生省がＡ級戦犯の祭神名票を靖国神社に送付
		69	靖国神社法案を自民党が国会に初めて提出
		70	厚生省と靖国神社の打合会でＡ級戦犯合祀を「諸状勢を勘案保留とする」
		74	靖国神社法案が五度目の廃案

78 松平永芳
92 大野俊康
97 湯澤貞
04 南部利昭
09 京極高晴
13 徳川康久

79〜82 藤田勝重
81〜84 鈴木忠正
84〜89 神野藤重申
85〜90 木山照道
90〜97 湯澤貞
97〜09 三井勝生
00〜03 花田忠正
04〜 山口建史
09〜 小方孝次

75 三木武夫首相が終戦記念日に「私的」参拝
昭和天皇が最後の参拝
78 A級戦犯十四人を合祀
85 中曽根康弘首相が終戦記念日に公式参拝、
翌年は断念
86 遊就館が再開
89 昭和天皇崩御
2000
01 小泉純一郎首相が八月十三日に参拝
02 遊就館を改修
03 防衛庁がメモリアルゾーンを整備、拡張
06 小泉首相が終戦記念日に参拝、
富田メモ報道
07 日本遺族会が靖国神社問題の勉強会開始

はじめに

この十年あまり毎年、四日間に約三十万人が詰め掛けていた靖国神社・夏の風物詩「みたままつり」は、戦後七十年の今年から、名物だった約二百の露店（屋台）が姿を消し、境内での酒宴も禁じられた。あまりの混雑に警察が、これ以上の雑踏警備は安全を保障できないと見直しを求めたという。

神社側も、まつりの「乱れ」は本意でなかった。近年は、交通の便がいい都心に、近郊一円から若い男女が夏一番の浴衣《ゆかた》を披露し合うため集まるファッションと自由恋愛の場になっていたからだ。人出が増えても、大半は参拝しない。群集の多くは、誰を祀《まつ》っている神社か気にも留めず、笑い弾け、羽目を外すだけ。露店を一掃する神社側の決断には、このところの盛況が、本来の戦没者慰霊をないがしろにしかねないほどに勢いづいた現状への憂慮があった。人出は半減した。

賑わいが異様に増幅しだしたのは、小泉純一郎首相が在任中（二〇〇一～〇六年）毎年、時期不定の参拝を繰り返して、内外に論争を巻き起こしたのがきっかけだ。小泉参拝は、戦後日本の靖国観を変質させた。

本書は靖国「問題」が、神社も困惑する社会現象に転じた小泉政権当時、経過を同時進行で報道してきた新聞記者たちが、振り回されている私たちの来歴を今一度確かめなければと痛感し、歴史の再発掘に取り組んだ取材報告である。

靖国「問題」は問いの立て方次第で、とめどなく広がる。

明治維新の官軍・賊軍、近代化とナショナリズム、天皇制国家、侵略と植民地支配、軍国主義、国家神道、神の国とカミカゼ信仰、祖国のために死ぬこと、特攻、英霊と犬死に、慰霊・追悼・顕彰、戦争犯罪と戦争責任、憲法の政教分離原則、戦後の平和と繁栄の「礎」論……。

小泉時代の靖国「問題」は、専らA級戦犯合祀《ごうし》が最大の焦点だった。本書は、そこに絞って、もはや忘れられていた「問題」の成り立ちといきさつを、戦後史の中からできるだけ具体的に詳しく掘り起こし、「問題」の今後の行方を探った。

二〇〇七年に本書が刊行されるまで、A級戦犯合祀の当否は議論されても、合祀を実行した宮司の動機や人となりについて語られたことは必ずしも多くなかった。また戦後、宗教法人になってから、合祀までの三十二年間（戦後七十年の半分近く）を、靖国神社がどのように過ごしていたのかが語られたこともあまりなかった。

私たちは靖国「問題」が戦後、一貫して「あった」と思いがちだ。確かに、神社と祭神は、戦前の論理と形式を残して存在した。そのこと自体を「問題」視する思想的な立場や視点は当然あるが、それとは別に、靖国が社会「問題」化するのは、実は政治や司法が眠っていた「問題」を呼び覚ました時である。具体的には、靖国神社・国家護持法案や政教分離訴訟、首相参拝といった事件が、その都度「問題」を顕在化させる。

小泉政権の後、第一次政権時の安倍晋三首相が、参拝の機会をうかがいながら果たさずに終わった後、福田・麻生・鳩山・菅・野田の五つの政権の時期、「問題」は何一つ解決していないのに、半ば忘れられていた。

再燃したのは、二〇一二年に安倍首相が再登板し、参拝に再挑戦する意欲を隠さなかったからだ。参拝は第二次政権一周年の一三年暮れ、唐突に実行された。安倍首相の靖国へのこだわりは、そのまま今年の夏、内外から注視された戦後七十年談話を巡る歴史認識に通じている。今日、再び本書を世に問う所以《ゆえん》である。

巻末に、読売新聞グループ本社会長・主筆、渡辺恒雄氏の「安倍首相に伝えたい『わが体験的靖国論』　くり返される政治家の靖国参拝に今私が思うこと」（『文藝春秋』二〇一四年九月号寄稿）の主要部分を掲載させていただいた。

安倍政権下で再びくすぶる靖国「問題」を、首相参拝から半年後の八月十五日を前に、真正面から問うた時論として貴重であり、「問題」が今なお、私たちの前に「ある」ことを確認する上で、教えられることが多い。政策に対する社論は異なっても、靖国「問題」に対する戦後ジャーナリズムの姿勢には、七十年後の今も共通の基盤がある。そのことを、文庫化に当たって記録しておきたい考えもあって、掲載をお願いし、ご快諾頂いた。深甚の謝意を表したい。

単行本は、二〇〇六年八月六日から十九日まで『毎日新聞』朝刊に計十二回連載した企画「靖国～『戦後』からどこへ」を元に、連載終了後、伊藤智永、野口武則、田所柳子が取材をやり直して書き下ろした。初稿は序から三章、五章、八章を野口、四章から七章を田所が主に担当し、最終的には伊藤が全体を改稿した。

一部に同時進行ドキュメントの手法を使っていることもあって、登場人物の肩書きや組織名などは、原則として刊行された二〇〇七年時点の表記を踏襲し、今日の読者の理解を助けるのに必要な情報だけ適宜、修正・追記した。その間、亡くなられた方もおられるが、敢えて明記していない。ご了解頂きたい。

二〇一五年七月

毎日新聞編集委員　伊藤智永

序　騒々しい夏

八・一五　喧騒の社

戦後六十一年目の二〇〇六年夏は、靖国神社問題が一つのピークに達した年として歴史に記憶されるだろう。「問題」の根源である民間宗教法人への改組から、ちょうど六十年。人で言えば還暦の年に、澱《おり》のように溜まってきた戦後日本の諸矛盾が、戦没者を祀《まつ》る靖国を舞台に同時多発で噴き出たのは、どこか因縁めく。

靖国問題の大衆化現象に火を付け、燃え広がらせたのは、稀代《きだい》の政治パフォーマーだった小泉純一郎首相（当時）の連続参拝だった。「年に一回」という根拠不明のルールだけを頑固に貫き通しながら、日取りや服装、祈る形式は毎回まちまちで、いつも予告なく「奇襲」を掛けるように靖国神社を訪れ、世俗の物見気分を煽《あお》り立ててきたが、退任したこの年だけは、早くから直接間接に「八月十五日参拝」をほのめかし、国内外が賛否両様、無言のカウントダウンを唱和するなかで、その日を迎えた。

早朝。どんよりとした雲、霧のような雨にもかかわらず、東京・九段北《くだんきた》の靖国神社境内は、多くの人であふれ返っていた。せみ時雨《しぐれ》をかき消すように、上空を旋回する報道ヘリコプターの騒音が響く。神社周辺の路上では、「首相参拝ハンターイ」と叫ぶグループ約三十人が機動隊員と小競り合いを起こしていた。警視庁の警備は、前年の終戦記念日より約五百人多い二千五百人体制に膨れあがった。お盆休みで静かな都心とは対照的に、戦没者に慰霊・追悼をささげる社は喧騒《けんそう》の度合いを増していた。

午前七時四十一分、沿道に並んだ日の丸の小旗を振る人々に迎えられ、遊就館《ゆうしゅうかん》脇の北門から入った黒塗りの公用車が参集所脇に滑り込んだ。ドアが開いて現れた小泉首相は、黒いモーニング姿で、後にSPと秘書官が付き従った。雨が強くなり、身動きが取れない参拝客から「押すな」の叫び声も聞こえる。小泉首相を一目見ようとつま先立ちになり、片手を頭上に挙げた大勢の人たちが一斉にカメラ付き携帯電話を向けた。小泉首相は口を真一文字に結び、厳しい表情で本殿に入っていった。

約十五分後、一礼形式、「内閣総理大臣　小泉純一郎」と記帳、私費で献花料三万円を納め参拝を終えた小泉首相が、再び参拝客の前に姿を現すと、「小泉さーん」「純ちゃん、ありがとう」と歓声が飛んだ。任期は残り一ヵ月余、最後に「公約」を果たした小泉首相に向かって、境内に称賛の声が響いた。

この日の参拝客数は、日本会議など支援団体の動員もあり約二十五万八千人（同神社まとめ）。前年を約五万人上回り、統計の残っている二〇〇〇年以降、二年続けて最多を更新した。

官邸に戻った小泉首相は、閣議に臨んだ後の午前九時四十七分、記者団の質問に答え、強い調子でまくし立てた。「八月十五日を避けても、いつも批判、反発。何とかこの問題を取り上げようとする勢力、変わらない。いつ行っても同じだ。ならば今日は適切な日ではないかなと」。二〇〇一年総裁選で靖国参拝を公約し、自らが火を付けた問題に対する最後の回答がこれだった。

さらに「一つや二つ、意見の違いや対立を乗り越えて未来志向で友好関係を進展させていくのが、日本としても他国としても大事じゃないか。ブッシュ米大統領が『靖国参拝するな』と言ったとしても、私は行く」と語り、中国、韓国からの批判に屈せず信念を貫いたことを強調。A級戦犯の戦争責任については「それはあると思うが、それとこれとは別だ」と述べた。立ったままのぶら下がりインタビューは、普段の三倍近い十六分間続いた。

次期首相最有力と目されていた安倍晋三官房長官は、毎年八月十五日に参拝していたが、この年は春季例大祭前の四月十五日に密《ひそ》かに参拝を終えていた。定例記者会見で小泉首相の参拝について聞かれ、「いつが適切かは、個人個人によってどういう形で慰霊の気持ちを表そうかということと思います。個人個人が判断されることと思います。私も今まで八月十五日に参拝したし、春季、秋季の例大祭にもお参りをしたこともございます」と淡々と述べた。

中国、韓国の反応も、この日は待ち構えたように素早かった。中国外務省は午前八時すぎ、「日本軍国主義侵略戦争の被害国の国民感情を傷つけ、中日関係の政治的基礎を破壊するこの行動に対し強烈に抗議する」と非難声明を発表。前回参拝した二〇〇五年十月に比べ、声明の分量は少なく、刺激的な表現は避けていた。同年四月のような大規模な反日デモも起きなかった。

韓国外交通商省は午前九時、「深い失望と憤りを表明する。（首相参拝が）日韓関係を閉そくさせ、北東アジアの友好協力を損なわせてきた」と報道声明を発表した。ソウル市中心部の日本大使館近くでは、市民団体の約三千人が抗議集会を行い、一部が警備隊ともみ合った。日本の植民地支配からの解放を祝う記念行事で演説した盧武鉉《ノ・ムヒョン》大統領は、靖国問題のほか、竹島、歴史教科書、従軍慰安婦の問題も列挙して「解決に向けた実質的措置」を日本に求めたが、小泉首相を名指しで批判はせず、十五日の靖国参拝にも直接言及しなかった。

小泉参拝が原因で首脳の往来も途絶えた両国だったが、首相の退任が間近だったことから、次期政権での関係改善へとつなげようとの配慮がのぞき、「騒ぎもこれで終わりにしたい」という閉幕感も漂った。

そんななか午後五時五十分ごろ、山形県鶴岡《つるおか》市の加藤紘一・自民党元幹事長の実家兼事務所から出火し、全焼。放火犯はその場で割腹自殺を図ったが、傷は浅く入院した。退院後に逮捕、起訴された東京都杉並区、右翼団体構成員、堀米正広容疑者は山形県警の調べに対し「加藤氏の靖国神社に関する発言に反発を感じていた」と供述した。

かつて小泉首相の盟友だった加藤氏は、二〇〇一年八月十三日の前倒し参拝の時は事前に相談を受けたが、その後、靖国問題をめぐって意見が対立。この日もテレビ各局に次々と出演し、「日中関係が非常におかしくなってきた」「小泉首相は行くべきでなかった」と盛んに批判していた。その最中に、事件は起きた。小泉参拝の是非を巡り、ついに言論テロまで引き起こされたのだ。

政治家に対する右翼テロと言えば、一九六〇年に浅沼稲次郎・社会党委員長を刺殺した山口二矢《おとや》（当時十七歳）といい、六三年に河野一郎建設相（当時）邸に放火した野村秋介（同二十八歳）といい、直線的な心情を若さに任せて暴発させたイメージと重なる。だが、堀米容疑者は六十五歳。調べに「右翼団体で閑職になり、死にたいと思った」「借金もあり、加藤氏の自宅で死ねば右翼らしいと思った」という供述もあり、本質において思想犯といえるのかどうか疑わしい面もある。

中国、韓国との外交問題にまで発展し、日本中を賛否の渦に巻き込んだ小泉参拝の五年間とは何だったのか。首相参拝を歓迎するはずの靖国神社の幹部職員は、戸惑いながら本音を語ってくれた。

「我々としては八月十五日は外してほしい。人出が多くて警備が大変なんです。反対派が集会を開けば、それに対抗して右翼が出てくる。境内で騒がれたら事だ。日本武道館の追悼式典もあるし、昔は町中でサイレンが鳴って一分間皆が黙禱《もくとう》した。靖国神社はその一つとしてあるだけ。八月十五日は静かに慰霊する日なんです」

また、信徒代表の崇敬者《すうけいしや》総代の一人は「遺族が減って、将来は神社そのものが先細りする危機感がある。今はある意味で、中国、韓国が人々の関心を掻《か》き立てて助けてくれているようなものだ」と苦笑いを浮かべた。

小泉首相の連続参拝は、恐らく当人の意図を超えて、靖国神社と戦後のあり方を「問題」として論争の場に引きずり出した。それは靖国神社だけにとどまらず、日本人全体の戦後のあり方を問い直す「問題」でもあった。

「富田メモ」の衝撃

政界で靖国神社のあり方に関する論議がこれほど盛り上がったのは、靖国神社国家護持法案が国会に五度提出されたあげく廃案になった一九七四年以来であろう。百家争鳴の様相を呈したのは、九月二十日に「ポスト小泉」を競う自民党総裁選を控え、政局が絡んだせいもある。小泉参拝に反発する中国、韓国とは首脳の相互訪問が途絶し、アメリカも懸念していた。小泉首相が意固地になるほど議論の火に油を注ぐ結果となり、東アジア外交への対応は総裁選の重大争点となっていた。

五月三十日、靖国神社を支える最大組織、日本遺族会の理事会・評議委員会で、会長（当時）の古賀誠・自民党元幹事長はA級戦犯の分祀《ぶんし》を議論するよう提唱した。小泉政権で抵抗勢力のレッテルを張られ、冷や飯を食わされていた古賀氏には、靖国問題で小泉首相を牽制《けんせい》する意味もあった。

山崎拓元副総裁が中心となって設立した超党派議連「国立追悼施設を考える会」は、六月十五日にまとめた提言で無宗教の国立追悼・平和祈念施設の設置を求め、首相の靖国公式参拝は違憲の疑いがあるとした。山崎氏は、東アジア外交立て直しを争点に小泉首相の靖国参拝に批判的な福田康夫元官房長官を総裁候補に擁立しようと狙っていた。

一方、小泉首相側近の中川秀直・自民党政調会長（当時）は七月八日、千鳥ヶ淵戦没者墓苑の拡充を検討する自民党のプロジェクトチームを発足させた。新たな追悼施設として千鳥ヶ淵の格付けを上げる構想と見られた。

八月八日には総裁選に出馬準備中の麻生太郎外相が、靖国神社を非宗教法人化する私案を発表。宗教色を薄め、将来的な国家管理を視野に入れたものだった。正式出馬表明を前にした安倍晋三官房長官も、仲間の若手議員グループに、首相の公式参拝を求める提言をまとめさせていた。

自民党内では首相参拝を支持する安倍氏、反対する福田氏の二強対決になるとの見方が強まり、福田氏自身は出馬の有無を明言しないにもかかわらず周囲の臨戦ムードがヒートアップしていた。

富田朝彦《ともひこ》・元宮内庁長官（故人）のメモが世に出たのは、そんな騒然とした政情の最中だった。報じたのは、七月二十日付『日本経済新聞』朝刊。社会部の元宮内庁担当記者が富田元長官の死後、遺族から生前の日記帳を借り出したところ、その中に貼り付けられていた八八年四月二十八日付のメモに、昭和天皇がA級戦犯合祀《ごうし》に対して強い不快感を語っていたとみられる記述が見つかったのだ。

「私は　或る時に、A級が合祀され　その上　松岡、白取《ママ》までもが、
筑波は慎重に対処してくれたと聞いたが
松平の子の今の宮司がどう考えたのか　易々と
松平は　平和に強い考があったと思うのに　親の心子知らずと思っている
だから私あれ以来参拝していない」

旧皇族の筑波藤麿《ふじまろ》元宮司は慎重に対処したのに、後任の松平永芳《ながよし》元宮司がA級戦犯を合祀したので天皇が参拝しなくなったと読める内容だ。松平宮司の父慶民《よしたみ》氏は終戦直後の宮内大臣で、天皇の信頼が厚かった。「親」と「子」を比べた言い回しにも、昭和天皇ならではの肉声が感じられた。

富田メモの内容そのものは、昭和天皇の侍従長だった徳川義寛《よしひろ》氏から朝日新聞記者が聞き書きした『侍従長の遺言―昭和天皇との50年』、徳川氏の前任の侍従長が遺《のこ》した『入江相政《すけまさ》日記』の記述とよく似ている。記録としての生々しさはあっても、従来の見方を一変

するような新事実が出てきたわけではない。

A級戦犯合祀について、『侍従長の遺言』で徳川氏は「宮司の筑波さんがずっと延ばしてきていたのです。ところが宮司が筑波さんから松平永芳さんに代わって、間もなく実施に踏み切られることになった。……筑波さんのように、慎重を期してそのまま延ばしておけばよかったんですよ」と松平氏を批判していた。『入江相政日記』には、合祀が公になった七九年四月十九日に「朝刊に靖国神社に松岡 白鳥などの合祀のこと出 テレビでも言ふ いやになっちまふ」と記されている。

昭和天皇が、日独伊三国同盟を推進した松岡洋右《ようすけ》外務大臣と白鳥敏夫駐イタリア大使の二人に強い不満を抱いていたことは有名だ。戦後、側近たちに語った『昭和天皇独白録』では、松岡を「ヒトラーに買収されたのではないか」とまでこき下ろしている。〇七年に発掘された「小倉庫次《くらじ》侍従日記」(『文藝春秋』〇七年四月号)にも、白鳥について次の記述がある。「昭和十四年十月十九日 白鳥〔敏夫〕公使、伊太利国駐箚《ちゅうさつ》より帰国す。軍事同盟問題にて余り御進講、御気分御すすみ遊ばされざる模様なり。……御広き御気持にて、御進講御聴取遊ばさるるやうお願ひすることとせり」。特に二人の合祀を快く思うはずがないことは、むしろ天下周知の事実と言える。

にもかかわらず、富田メモが大きな反響を呼んだのは、報じられたのが「小泉八・一五参拝」の一ヵ月前、政界での関心が最高潮に達していたタイミングだったからだ。首相参拝慎重派はもちろん勢いづいた。「各方面からA級戦犯分祀論が出てきて、加速するだろう」（神崎武法《たけのり》公明党代表＝当時）、「陛下が参拝されない靖国は、意味合いを薄めてしまう。分祀論にかなり大きな影響を及ぼす」（加藤紘一自民党元幹事長）。また日本経団連幹部は「経済紙である日経がスクープした意味は、経済界としては参拝しない方がいいということだ」とも解説してみせた。

一方、参拝推進派は「天皇の政治利用をすべきでない」「新しい事実はない。天皇の肉声かどうか疑わしい。『侍従長の遺言』の引き写しではないのか」などと火消しに躍起になり、議論は否応《いやおう》なく高まった。

東京・大手町《おおてまち》の日経新聞本社には翌二十一日午前二時二十分ごろ、人気のない通用口に火炎瓶が投げつけられ、黒っぽい服の男がバイクで立ち去った。九カ月後に逮捕されたのは四十二歳の右翼活動家。調べに対し「富田メモの報道に警告しようと思った」と供述した。水面下で暗く煮え立つ右派の鬱積《うっせき》は、一カ月後の加藤邸放火と重なり合う。

小泉首相は二十日夕、官邸で記者団の質問に対し、天皇参拝について「それぞれ心の問題だから。参拝されてもいいし、しなくてもいい。自由ですから」とひとごとのように答えた。メモが自身の参拝に影響するか問われると「これはありません」と明言した。

小泉首相は八月に入ると、靖国参拝を宣言した〇一年自民党総裁選の公約について「公約は生きている」（八日夜）、「守るべきものだと思っている」（九日午前）とトーンを上げた。政界の過熱ぶりをよそに、靖国神社広報課は富田メモに関して「コメントは差し控えたい」と短く談話を発表するだけだった。しかし、実のところ靖国神社内部はメモの衝撃に浮足立っていた。

秘密総代会、緊急招集

昭和天皇がA級戦犯合祀《ごうし》に不快感を示した側近のメモが明らかになってから、靖国神社は表向き沈黙を守り、公式な反応を控えていた。しかし報道の八日後、南部利昭宮司（当時）は神社の最高意思決定機関である崇敬者総代会《すうけいしゃそうだいかい》を緊急招集し、ひそかに対応を協議していた。

「富田メモが出てきて、職員は皆ショックを受けています。お集まりいただきたい」。神社から総代たちに連絡が回ったのは、報道の翌日だった。国内外で喧騒《けんそう》の火種になっている英霊の社《やしろ》で、その時、何が話し合われたのか。総代会の具体的な様子はこれまで表に出たことはない。秘密のベールに包まれた総代会の詳細を、初めて明らかにする。

二〇〇六年七月二十八日午後三時。平日の人影も少ない靖国神社の境内は、カメラを抱えた外国人観光客や散歩をする近所の高齢者、若者のカップルが行き交っていた。梅雨明け間近の曇り空の下、せみ時雨に混じり、「パン、パン」と拝殿で拍手《かしわで》を打つ音が響いた。ここ数年、騒然とした雰囲気になる八月十五日とは、別の場所に来たかのように静かだった。

参拝を終えた数人の年配の男性は、社務所入り口で待つ水色の袴《はかま》姿の若い神職に招かれて建物の中に吸い込まれていった。緊急招集された総代だった。若手神職の案内で二階に上がり、北側の会議室に入った。部屋にはいつも通り長机が口型に並べられ、総代たちは廊下側と窓側四人ずつ向き合う位置で席に着いた。上座の中央には南部宮司が座った。窓の外には桜の木が青々とした葉を蓄え、その奥に見えるはずの鳩舎や遊就館《ゆうしゅうかん》の風景を遮っていた。

定例の総代会は年三回開かれ、予算（三月）、決算（六月）、合祀（十月）を承認する。祭事をつかさどるのは神職だが、運営方針、宮司の人事、新たに判明した戦没者の合祀などは信徒代表の総代会が承認する。緊急招集はめったにない。

「神社のスタンスを決めたいのでご議論いただきたい」

上下純白で、白い藤の紋が浮かび上がる袴に身を包んだ南部宮司が短くあいさつし、臨時総代会が始まった。

配布された複写資料は九部。

①過去の総代会議事録をもとにA級戦犯合祀の経緯を整理した神社作成の資料（「極秘」

の印が押されている）
②厚生省から六六年に送られてきたA級戦犯の祭神名票と、七八年の合祀に先立ち宮内庁へ「上奏」した経緯を記録した十月七日の社務日誌
③徳川義寛《よしひろ》元侍従長の口述記録『侍従長の遺言』（朝日新聞社）
④昭和初期の内大臣だった『木戸幸一日記』（東京大学出版会）
⑤終戦直後の側近による聞き取り記録『昭和天皇独白録』（文藝春秋）
⑥天皇が政治家に語った言葉を題材にした『陛下の御質問』（毎日新聞社、岩見隆夫著）
⑦『読売新聞』八八年四月二十九日付朝刊、昭和天皇八十七歳の誕生日の記者会見記事「大戦が一番いやな思い出、ほお伝う涙」（インターネット検索からのコピー）
⑧「昭和天皇のメモでなかった！」と題した神社に投稿された資料（メモは徳川侍従長の引退会見だとする内容で、テレビで流れたメモの画像も添付された）
⑨A級戦犯合祀について説明した七九年四月三十日付『神社新報』

十人いる総代のうち、この日出席したのは七人。

「愛媛玉ぐし訴訟」で「公費による玉ぐし料奉納は合憲」とする少数意見を述べた三好達《とおる》・元最高裁長官（「日本会議」会長）

過去に合祀手続きを担った旧厚生省の石野清治・元事務次官

終戦内閣の陸軍大臣の子息、阿南惟正《あなみこれまさ》・元新日鉄副社長
皇室研究者の所功・京都産業大名誉教授
靖国擁護派の論客、小田村四郎・元拓殖大総長
経済界代表として井上實・旧東京三菱銀行特別顧問
勝谷保《しょうやたもつ》・元中小企業庁長官

旧皇族北白川家出身の島津肇子《はつこ》・献華協会会長と、陸軍士官学校ＯＢで構成する偕行社《かいこうしゃ》会長の山本卓眞《たくま》・富士通名誉会長の二人は欠席。Ａ級戦犯分祀を議論するよう提唱し、六月に総代を退いた古賀誠・日本遺族会会長（元自民党幹事長）の後任は、まだ決まっていなかった。

廊下側の総代たちと並んで下座に座っていた神社ナンバー2の山口建史権《ごん》宮司が、南部宮司を正面に、総代を左右に見る答弁席に移動し、配布資料の説明を始めた。半袖の制服姿の女性職員が注いだお茶で餅菓子をつまみながら、総代たちは富田メモの信憑性《しんぴょうせい》に疑いを投げかける山口氏の話に耳を傾けた。

「徳川侍従長が辞めたのが（メモに記された八八年）四月十二日で、二十八日に辞任会見をしました。（メモは）その日のことだから、徳川侍従長の言葉なのか、陛下のお言葉なのか、分かりません」

「『A級』とメモに書いてあるが、陛下はそんな言葉を使われるでしょうか」

不思議なことに、山口氏の論理は誰が書いたのか不明な資料⑧「昭和天皇のメモでなかった！」を基に展開された。当時、すでに永田町の国会周辺にも広く出回っていた、いわゆる怪文書の一種だ。徳川侍従長が「四月二十八日に辞任会見した」と書かれているが、実際には同十二日だったといった具合に単純な事実の間違いも散見され、関係者の間で信憑性は疑わしいとされていた代物だった。なぜそれを、山口氏が鵜《う》呑《の》みにしたのかは分からない。

神社側の説明は、政界で盛り上がっていた分祀論の打ち消しに移った。

「昭和三十（一九五五）年代に厚生省から相談がありました。同四十一年に（A級戦犯の）祭神名票が送られ、神社創立百周年の同四十四年に靖国神社国家護持法案が一旦廃案になったことを踏まえ、『将来は合祀すべきものと考えているが、現段階に於いては暫《しばら》く其儘《そのまま》として差し支えない』と意見が一致しました。同四十五年六月の総代会で『速やかに合祀すべきだ』と青木一男氏から提案があり、筑波藤麿《ふじまろ》宮司が『時期は慎重に考慮し、御方針に従い合祀する』と述べました。同五十三年十月六日の総代会で、松平永芳宮司から提案あり、『一同異存なし』と再度了承しております。翌七日に宮中に報告しました。松平宮司は決して独断と偏見で決めたのではありません。総代会で何度も決めておいて、最後に宮内庁に相談しました」

「極秘」資料①で紹介された過去の総代会の議事録を基に、事務手続きの正当性が主張された。過去の総代会で合祀を主張したと神社が説明した青木一男氏は、東条英機内閣の大東亜相。A級戦犯容疑者として拘束されたが、起訴は免れた。政界復帰後、総代となり、処刑された同志たちを英霊として祀った。

資料①には合祀の経緯と過去の総代たちの発言が詳細に記されていた。総代会の配布資料に「極秘」と記されていたことは、現在の総代たちの記憶にはなく、話には聞いていても、目にしたのは初めてだった。所氏は学者の触手を刺激されたのか、三カ月後、この資料を基に雑誌『藝林』〇六年十月号で合祀の経緯に関する論文を書いている。

ただ、ここでも奇妙だったのは、「門外不出・外部閲覧厳禁」として厳重に管理されている社務日誌は、現物のコピー（資料②）が配られながら、総代会の議事録は神社職員がパソコンで打ち直してあったことだ。神社側が説明に都合のいい箇所だけ抜き出すか、微妙なニュアンスを省いて結論を強調したのかもしれないという疑念を抱かせる。

神社の説明が終わり、総代たちが口を開いた。

小田村氏「松平宮司が独断でやったのでないことを（世間に）言うべきだ」

三好氏「神道の教義で分祀できないのでなく、国に殉じた人を分祀してはいけない。今の人が死者に対して、合祀すべきでないと言えるのか」

A級戦犯合祀は当然とする声が相次いだ。神社側は専ら《もっぱ》山口氏が、質問が出るたびに廊下側下座の席から立ち上がって答弁席に移動し、答えた。

所氏は「富田メモは冷静にみれば不思議な部分が多く、短絡的な政治利用は慎むべきだろう」と自ら寄稿した『毎日新聞』記事（七月二十八日付朝刊）のコピーを配り、持論を力説した。さらに「例大祭で天皇の勅使はご祭文（天皇のお言葉を書いた紙）を持ってこられるのか」と尋ねた。天皇の靖国参拝が途絶えた後も、祭祀形式は変わっていないかという確認である。山口氏が「来られています」と答えると、所氏はうなずいた。

「遺族の間で心配する声が出たらどうするか」「ろうそくの火は分けられないという例えで分祀できないことを説明するのはわかりにくい」と心配する声も出たが、「今まで分祀をやったことがないというだけで（理由は）十分だ」という全体の勢いにかき消された。

「古賀（誠）さんが（靖国神社の）特殊法人化を言っているのはけしからん。鳥居をなくすなど断じて認められない」。分祀を議論するよう提唱するとともに、宗教性を薄くした非宗教法人化も主張し始めた前総代へ、不満をぶつける者もいた。

富田メモ報道の余波で神社外部からの接触圧力も高まっていた。「国会議員の先生から『会ってくれ』と言われて困っている。皆さんにもアプローチがあるんですか」「マスコミの取材が来ているから、窓口を統一した方がいい」といった発言を受け、応対の体制についても協議した。

女性職員がお代わりに出した紅茶が少なくなった午後五時半前、ずっと聞き役だった南部利昭宮司が最後に集約した。

「このメモが何なのかよくわからない。これから評論家から色々疑問が出るでしょうから、静観しましょう。ただし分祀をしない方針は変わりません。中国の言いなりにはなりません」

靖国神社を援護する外部の人々が、近く「反攻」に出る動きを予期しているかのような口ぶりだった。臨時総代会から六日後、『週刊新潮』八月十日号の「特集『昭和天皇』富田メモは『世紀の大誤報』か」は、富田メモに対する反論を大々的に提起した。内容は、山口氏の説明と同じく「メモは昭和天皇でなく徳川侍従長の言葉だ」とする総代会資料⑧と酷似していた。

総代会を強気の言葉で締めくくった南部宮司だが、南部氏と旧知の神社関係者は「天皇の御心《みこころ》がわかってかなり悩んでいるのではないか」と推し量る。

戦前、天皇が合祀者を裁可していた靖国神社では、戦後も宮司候補として毎回、皇族の名が挙がった。南部宮司は第四十五代南部藩（現在の岩手県北部）当主で旧華族だが、皇族ではない。大手広告代理店、「電通」出身という異色の経歴を持つ。皇室との縁は、曾祖父に当たる四十二代利祥《としなが》公が日露戦争で皇族をかばって戦死し、靖国神社に祭られた「天皇家の忠臣の家柄」という点だった。

地元紙『岩手日報』のインタビューなどで、南部宮司は「最初は二の足を踏んだが、最終的に天皇陛下の『よろしく頼む』の一言で決断した」と繰り返し語っている。湯澤貞《ただし》元宮司も雑誌のインタビューで「南部さんは迷っていた時、(旧華族が集まる)霞会館の午餐《さん》会で天皇陛下から『靖国のことをよろしく頼みます』というお言葉を頂いて、就任を決意された」と証言している(『文藝春秋』〇六年八月号)。

事実とすれば、自身も昭和天皇の遺志を継いで靖国参拝を控えている天皇陛下が、南部氏に託した意図があったのか。しかし、南部宮司の就任が総代会で内定したのは二〇〇四年五月十四日。東京・霞が関ビル内の霞会館であった午餐会は翌月五日だった。天皇から「頼みます」といったお言葉を掛けられたのは事実だとしても、それは宮司内定後であり、意味合いが違ってくる。午餐会にも出席し、皇室と靖国神社の両方に詳しい旧華族や宮内庁関係者たちも取材に対し、「天皇が就任を説得することはありえない」と一様に否定した。

南部宮司は「個別の取材にはお答えできません」として確認に応じなかったが、ある神道学者は「皇室関係者でない人が靖国の宮司になるには、それ相応のストーリーが必要なのだろう」と推測する。

第一部　A級戦犯を合祀した宮司

第一章　皇国護持の三代目

祖父春嶽にならう

今は県庁となった福井城址《じょうし》を見ながら福井市中心部の市街地を歩くと、幕末の名君といわれた越前松平家十六代藩主、慶永《よしなが》（号名は春嶽《しゅんがく》）を神として祭る佐佳枝《さかえ》廼社《のやしろ》がある。一九六〇（昭和三十五）～七〇年代に、太くて長いまつげが特徴的な一人の男性が早朝、ここに参拝する姿がよく見られた。春嶽直系の孫、松平永芳《ながよし》氏だった。骨董《こっとう》屋、傘屋、雑貨屋などの店舗が並ぶ仲店通りを通って境内に入ると、ささやかな露天市に野菜や仏壇用の花が並べられていた。永芳氏は拝殿で「今日一日、この地におけるわが言動に誤りなきよう」誓い、二礼二拍手してから祖父に頭を下げるのが習慣だった。

二〇〇六年八月、永芳氏がよく通っていたという話を聞き、佐佳枝廼社を訪ねた。白い上衣に白袴《しろばかま》で丁重に対応してくれた徳山テル子同社宮司は、永芳氏を懐かしみながら思い出を話してくれた。「朝、参拝に来たときに、折に触れて私に話してくれました。『春嶽公のようにありたい。常にそう思っている』と」

春嶽の民を慈しみ自ら実践した質素な生活、国や皇室を思う心構えに深い畏敬の念を抱いていたという。靖国神社宮司に就任前の当時、永芳氏は春嶽ら歴代藩主の資料を保管する福井市立郷土歴史博物館長として、東京都内に自宅を持ったまま、月の大半を単身赴任で過ごした。同市足羽山《あすわやま》にある博物館近くの官舎に住み、歩いて勤務先に通っていた。同じく春嶽を祭神とする福井神社も併せて訪れ、約三キロの道のりを歩みながら祖父に思いをはせるのを出勤前の日課にしていた。

永芳氏が生まれた一九一五（大正四）年、既に春嶽は世になく、残した書物や、父慶民《よしたみ》氏の記憶の中の祖父しか知らない。

永芳氏は靖国神社宮司を退任して間もなく、雑誌『祖國と青年』で、自ら信じる政策を元に大老井伊直弼《なおすけ》に諫言《かんげん》したため安政の大獄で失脚した春嶽を引き、こう述べている。

「祖父の心を心として私の父も公職を貫き通しました。その父を眺めて私は育ちましたので、祖父を歴史上の人物というより、むしろ祖父春嶽に育てられたような感じです。……靖国神社の宮司という重責を拝命しておりました時も、その日々のご奉仕を祖父の精神によって微力ながら果たしている、という感じを持って過ごして参りました」

松平宮司時代に靖国神社経営の指標とされた春嶽とは、どのような人物だったのか。

松平春嶽は薩摩藩主の島津斉彬《なりあきら》、土佐藩主の山内容堂《ようどう》、伊予宇和島藩主の伊達宗城《むねなり》と共に「幕末四賢公」と称せられた。福井藩の幕末の偉人としては、先見的な開国思想を説いた橋本左内《さない》の方が一般に知られている。左内は安政の大獄で斬首され若くして亡くなった悲劇ゆえか、坂本龍馬や吉田松陰と同じく英雄視され、小説の題材にもなっている。

二〇〇三年十月に発行された小説『松平春嶽』の著者である作家の中島道子氏は、「春春嶽については研究や解説の書も多い。しかし、なぜか小説の類は見当たらない。小説になりやすい人物となりにくい人物がいる。そういう意味では、春嶽のような生真面目過ぎる人物は小説にはなりにくいのかもしれない」と評した。福井県出身の中島氏でも「県人に広く敬慕されているのは橋本左内の方ですね」という。

靖国神社の宮司になった松平永芳氏は、神社を訪れた遺族に「松平春嶽公の直系の孫でして」と自ら名乗るのが常だった。前任者の筑波藤麿《ふじまろ》元宮司は、神社の秘書課長が「元山階宮《やましなのみや》で皇族です」と紹介すると、「やめなさい」とたしなめていたという。同じ由緒ある家系でも対照的で、永芳氏の祖父に対するこだわりがうかがえる。

春嶽は一八二八（文政《ぶんせい》十一）年、八代将軍徳川吉宗の血を引く御三卿《ごさんきょう》田安家に生まれ、跡取りのいなかった越前松平家を継いだ。橋本左内や横井小楠《しょうなん》らを能力・人物重視で登用し、西洋の見聞を広める一方で国学を学び、尊皇開国の立場から藩政、幕政改革に取り組んだ。開国を要求する外国人を打ち払う攘夷《じょうい》論が討幕運動に転換する中、朝廷と幕府の間で苦悩することもあった。将軍後嗣問題で一橋慶喜《ひとつばしよしのぶ》（後の十五代将軍、徳川慶喜）を推し、大老井伊直弼と対立。幕府が朝廷の勅許なしで日米修好通商条約を調印したことに対する諫言《かんげん》を契機に、安政の大獄で失脚した。

しかし謹慎が解けると、有能ぶりを買われ、再び徳川幕府に重用された。大老職に相当する政事総裁職《せいじそうさいしょく》に就き、朝廷と幕府の連携によって政局を安定させようと公武合体を主張。十五代将軍慶喜を支え、国乱を避けるため大政奉還を進言した。幕閣だったにもかかわらず、明治政府でも民部卿《みんぶきょう》や大学別当兼侍読などの役職を一年間務めている。

春嶽は議会によって政治を運営する公議公論をいち早く唱えた。明治維新の「五箇条の御誓文」の原案を起草した福井藩士由利公正《ゆりきみまさ》が、これを「広く会議を興し万機公論に決すべし」という有名な一条に生かした。人材登用や開国論に見られる先見的な考え方、上を諫《いさ》めてでも信条を貫く姿勢。信念ある改革者として永芳氏は祖父を篤《あつ》く慕い、「改革」の指標にした。

春嶽が行った主な藩政改革は、人事一新、教育改革、財政改革などだ。最初に手がけたのが組織のリストラで、藩政を牛耳《ぎゅうじ》っていた守旧派の家老を罷免し、まだ二十歳代前半だった橋本左内を抜擢《ばってき》して藩校明道館《めいどう》の運営を任せた。これまでの武芸奨励から、儒学による文武一致を目指したのだ。開国を迫る外圧を意識しながら藩を強化するため、教育改革を打ち出して藩士の意識を変えようという狙いだった。財政面では、自ら率先して藩主の手許金《てもと》を半分の五百両に減らし、食事も質素に徹して緊縮の範を垂れた。さらに交易によって増収を図るため、横浜に藩の商館を設けて貿易販路の拡大に尽くした。

明治維新後、かねてから平田篤胤《あつたね》の国学に心酔していた春嶽は、政治の一線から退いたのを機に、歴代藩主の祭祀《さいし》をそれまでの仏式から神式に転換してしまう。仏教は外国の思想であり、それに影響されない純粋に日本的な神道を信仰していたのだ。当時、藩内には菩提寺《ぼだいじ》をはじめ関係する寺院が二十以上あったといい、二百年以上続いてきた仏教との関係を絶つのは一大宗教改革だった。

これに先立つ一八七〇（明治三）年、春嶽は戊辰《ぼしん》戦争の戦没藩士を祭る碑を現福井市内の足羽山《あすわやま》に作って招魂場と名付けた。一八七三年には招魂社《しょうこんしゃ》を建立し、自ら「招魂社」の文字を揮毫《きごう》し社頭に掲げさせた。このころ招魂社は長州など各地で設けられるようになっており、このうちの東京招魂社が、後に靖国神社となった。春嶽は、靖国に連なる戦没者慰霊の走りを早い段階から率先して実践していた人でもあった。

国学に惹《ひ》かれていた春嶽にとって、改革精神の柱は強烈な尊皇思想であった。先見的な開国論を唱え、外国の知識、文物を取り入れながらも、精神は日本の伝統精神を堅持する立場だった。元福井市立郷土歴史博物館学芸員で、永芳氏に仕えたことのある伴五十嗣《ばんいそし》郎《ろう》・皇學館大前学長は「春嶽の政治的活動の背景には、その学問の力で培い確信された強固な国体論や、精神があった」（『松平春嶽未公刊書簡集』）と指摘している。そして、春嶽が目指した理想の国家像として次の二首を挙げる。

千早振神代《ちはやぶるかみよ》のままの御国《みくに》ふりあらまほしけれ今の大御代《おおみよ》

玉鉾《たまぼこ》の道ある御世と天の下いつかいふべき御世となるらん

幕末の混乱期、欧米諸国から開国を要求されて幕府の権威が堕《お》ちる状況を憂い、天皇を中心とした、いにしえの「道ある御世」を理想とし、それを復古させようと努力しているという歌だ。晩年の永芳氏に仕えた福井市立郷土歴史博物館学芸員（現館長）の角鹿尚計《つのがなおかず》氏も春嶽を名君として描き、「彼（春嶽）の精神はひたすら皇室国家の護持にありました。つまり『尊皇』の二字に尽きるものでありました。……これが越前松平子爵家三代の不変の精神に他なりません」（「越前福井の明君・松平春嶽」『日本』二〇〇六年十二月号）と断言する。

ところで、小説『松平春嶽』を著した中島氏は、こうした通説から一歩引いた立場で春嶽像を描いた。西郷隆盛や坂本龍馬のように大胆に行動を起こすこともなく、将軍慶喜を支えながら苦悩し、幕府の守勢に心労を重ねていく姿だ。中島氏は「あとがき」でこうまとめた。

「私はこれまでの春嶽の既成概念（偉人）を払しょくして、『人間春嶽』を書くことに務めた。彼がいかに開明的思想を持っていても、彼の軸足は幕府側である。これが『公武合体』という生温い穏健策から抜けきらない所以である。彼をして煮え切らぬ男――という人物評はそういう事情から来ている」

毎朝、春嶽を拝む思い入れの強さはともあれ、永芳氏の生涯や思想は春嶽と多くの点で似ているとは言い難いのではないだろうか。永芳氏の生き方には実際の春嶽が持っていた矛盾やあいまいさがない。

春嶽と永芳氏が重なり合うのは、激動する時代に絶えず「改革」を心がける姿勢、思想の中軸は常に「尊皇」を以《もっ》て旨とした点であろう。というより、第三章で詳述するが、松平宮司の靖国運営はこの二本柱を元に行われた。まさに自らの指標だったわけだ。かと言って、もし春嶽が松平宮司の立場だったなら、果たしてA級戦犯合祀《ごうし》に踏み切ったであろうか。「松平合祀」は、開国と尊皇、若手の抜擢と伝統の堅持という矛盾した政策を両立させた春嶽の複雑精妙なバランス感覚と必ずしも折り合うようには見えない。

「松平の子の今の宮司がどう考えたのか　易々と　松平は　平和に強い考があったと思うのに　親の心子知らずと思っている」

昭和天皇がA級戦犯合祀《ごうし》に不快感を示したとされる富田朝彦《ともひこ》・元宮内庁長官のメモに「松平」とあるのは、松平永芳《ながよし》氏の父慶民《よしたみ》氏を指す。終戦直後の一九四六（昭和二十一）～四八年、最後の宮内相、初代宮内府長官を務め、昭和天皇の信頼が厚かった。

慶民氏は一八八二（明治十五）年、春嶽五十五歳の時、三男として生まれた。二人の兄は早くに亡くなったため、事実上の嫡男として育てられた。小学二年から中学までを学習院で学び、英国に十二年間留学、オックスフォード大学を卒業した。帰国後は世田谷野戦砲兵第一連隊を経て、宮内省に入省し、侍従、式部長官、宗秩寮《そうちつりょう》総裁を務めた。

慶民氏の生涯で特筆すべき事績の一つに、昭和天皇が終戦後、開戦以来の経緯を語った秘密会合の側近メンバーの一人だったことを挙げなければならない。最初の会合は四六年三月十八日、翌四月まで計五回。天皇は戦争の敗因について、①相手の研究が不十分だった②精神に重きを置きすぎた③陸海軍の不一致④常識ある首脳者が存在しなかった——などと率直に語り、立憲君主であっても開戦は止められなかったと述べた。

この時の記録を寺崎英成御用掛《ひでなりごようがかり》が残しており、九〇年に『文藝春秋』十二月号で「昭和天皇独白録」と題して公表された。メンバーは慶民、寺崎のほか、松平康昌《やすまさ》宗秩寮総裁、木下道雄侍従次長、稲田周一内記部長。「五人の会」と称された。

慶民氏は退位を考える昭和天皇に思いとどまるよう進言もした。昭和天皇の元侍従長が著した『徳川義寛終戦日記』に、六八年四月二十四日当時侍従長だった稲田が天皇から聞いた話として「もし退位した場合はどうであろう。何故退位したかと問われるであろうし、混乱も起きるだろう。又靖国神社の宮司にまつりあげて何かしようとしている人々もあるとのうわさもあり、……退位はなさらない方がよいと言ってくれたのは松平慶民であった」と語っていたエピソードが紹介されている。

慶民氏は四八年六月三日に宮内府長官を退任した。宮中改革のため、戦前からの側近を更迭しようとしたGHQや芦田均《ひとし》首相の意向が働いた。翌月十八日、慶民氏は高松宮に招待された退官慰労の会合から帰宅し、その翌朝、自室で亡くなっていたのを発見された。享年六十七。妻幸子を一月に病気で亡くしたばかりだった。永芳氏は半年余りの間に、相次いで両親を失った。

B級戦犯・義父の無念

松平永芳《ながよし》氏が軍人を志したのは、父慶民《よしたみ》氏の勧めだったが、その結果進んだ海軍時代にもう一人の「父」と出会う。その人物も、永芳氏のその後の生き方だけでなく、A級戦犯合祀《ごうし》に大きな影響を与えた一人だ。

英国に十四年間留学した慶民氏は、国のために我が子を戦場に進んで送り出す英国貴族の「ノブレス・オブリージュ（noblesse oblige ＝高貴な身分に伴う責務）」という徳義に深い感銘を受けた。「たまたま貴族の家に生まれた故に、平素は米の心配はいらない。だから一朝有事の際は国のために死ぬ。これが平等と言うことである」（『日本』二〇〇六年一月号）。永芳氏はこうした父の教えに倣って海軍機関学校へ入学し、一九三七（昭和十二）年に卒業した。

自称「エンジニア」の機関士官となり、一九四〇年に旗艦「出雲」の乗組員として日中戦争に参戦し、その後は駆逐艦「雷」の機関長として南方作戦に従軍した。四一年九月、当時侍従武官として昭和天皇のそばに仕えた醍醐《だいご》忠重少将の次女、充子《みつこ》氏と結婚したのが二十六歳の時。この結婚が、結果的に永芳氏の命を救うことになるが、一方では悲劇の始まりともなる。

海軍工機学校高等科で再び勉学に励んだ永芳氏に、人事局から四四年二月中旬、任地先内報が届いた。「補第二十二特別根拠地隊参謀」（蘭領ボルネオ・現インドネシア）とあったが、そこに赴任すれば上官は義父醍醐中将（少将から昇級）となる。「息子の身で父親の幕僚なんか出来るものか」と指摘したところ、人事局が親子関係を知らなかったための誤りだったことが判明した。永芳氏は替わって「第十一特別根拠地隊参謀」を命じられ着任。仏領インドシナ（現ベトナム）・サイゴンで終戦を迎えた。三十歳だった。

四六年七月、永芳氏は最後の復員船「朝嵐丸」で無事に帰国した。しかし、訂正された人事で永芳氏の代わりに第二十二特別根拠地に赴《おもむ》いた同期の秋山正信大尉は、航空機で敵機の攻撃を受け戦死していた。さらに醍醐中将は、ボルネオの司令官時代に部隊が華僑《かきょう》を虐殺したとの責任を問われ、B級戦犯の指定を受け、銃殺された。中将の部下だった中村悌次《ていじ》・元海上幕僚長によると「冤罪は疑う余地のないところであったが、裁判はきわめて報復的、かつ一方的に行われた」（『頼れる指揮官』）という。

父慶民氏から「一朝有事の際は国のために死ぬ」と教えられていたのに、自らは死に場所を失い、代わりに同期や義父が死んだ。永芳氏が著した自家版の追悼冊子『一軍人の最期 海軍中将侯爵醍醐忠重の俤《おもかげ》』には、「私にとっては父が身代わり」「(ボルネオに着任していれば)戦死又は刑死の運命をたどったであろうことはほとんど疑う余地がない」「『定まった運命なり。』と言ってしまへばそれ迄でありますが、私ども夫婦にとりましては、平然として其の儘《まま》では済まされない気持ち」と記した。義父をあえて「父」と呼び、冊子は自家版にもかかわらず三版を重ねるほどに入れ込んだ。

醍醐氏の軍歴は輝かしい。四〇年に海軍少将として潜水戦隊司令官に就任。ボルネオで有力酋長《しゅうちょう》に「私の娘の嫁ぎ先である松平家の歴史からも学び取るところが多々あります。松平 春嶽《しゅんがく》流の方針でこの根拠地隊の任務を遂行したい」(『一粒の麦』)と語った逸話がある。

四四年八月、ボルネオから帰国し、今度は海軍潜水学校長兼呉潜水戦隊司令官に就任。そこで人間魚雷「回天」の出撃を命じた。中村元海上幕僚長は「出撃のつど隊員の一人一人と力強い握手を交わし、これを見送る長官の全身からは、慈愛と愛惜とそして司令官の苦悩があふれていた」(同前)と心情を推し量った。

永芳氏が帰国して間もない四六年十二月、醍醐氏は突如オランダ当局に逮捕され、巣鴨《すがも》刑務所に収容された。翌年二月、ボルネオのポンティアナクに移されて軍事法廷に掛けられ、同年十二月六日に銃殺された。死刑の前々日、刑務所長に「日本軍の残虐行為は遺憾であった。しかしこれは本来の日本古来の武士道精神とは無縁のものである。私は武士らしく、天皇陛下の忠臣として従容とした最期を遂げたい」と言い残したという。そして「日本が絶対に正しかったとは言わないが、今回の戦争は多分に日本にとっては米国から追いつめられ、仕掛けられた戦争であった。いづれ後世の歴史家が、日本のやむを得ざる立場を明らかにしてくれることと信ずる」（『一軍人の最期』）と戦争裁判の矛盾を指摘した。

その壮絶な最期の情景は、一冊の本に鬼気迫る異様なメモの形で残され、遺族に伝えられた。新興宗教「生長の家」発行の『生命の実相』という書物に、同じ頃、別の事件でポンティアナクの刑務所に収容され、やはり刑死した海野馬一陸軍少佐が、針で穿《うが》ったメモだ。本は各ページの上段に文章が印刷され、下段は空欄になっている。海野少佐はその白地のスペースに、一画一画ずつ針で根気強く無数の穴をあけ、点字の要領で切々と決死の文字をつづっていた。

「遺書　どなたでもこの本をお讀みの方は針の穴で書いておきます遺言を私の兄にお届け願います　海野馬一」

「醍醐中将について　日記　昭和二十二年十二月五日　昨日醍醐海軍中将に、死刑執行命令が来た。閣下は平然として居られる。實に立派なものだ。一、二日の内に死んで行く人とは思へぬ位に………。曾て侍従武官までされた人だったのに」

「十二月六日　海軍中将侯爵醍醐閣下、銃殺される。余りに憐れな御最期だったが、併し御立派な死だった。国歌を唱ひ、陛下の万歳を三唱し斃れられた。その声が我が胸に沁む。天よ、閣下の霊に冥福を垂れ給へ。予と閣下とはバタビヤ刑務所以来の親交あり、予の病気の時は襦袢《じゅばん》を洗って戴いたこともあり、閣下は私のお貸しした『生命の實相《じっそう》』をよくお讀《よ》みになり、死の前日その礼を申された。閣下の霊に謹んで哀悼の意を表する。合掌」

敬愛した義父の無残な最期に続き、翌四八年には母幸子、父慶民と相次いで両親を亡くし、永芳氏は精神的にひどく打ちのめされたに違いない。B級戦犯として処刑された醍醐中将は、後に靖国神社に合祀《ごうし》された。不運にも無念の刑死を遂げざるを得なかった「父」の悲劇、屈辱は深く心に刻まれ、戦争裁判の否定に執念を燃やす動機の一つとなった。

皇国史観の師

靖国神社宮司に就任する前、松平永芳《ながよし》氏は郷里に戻っていた師、平泉澄《きよし》・元東京帝国大教授の元を頻繁に訪ねた。二〇〇六年八月、私たちは福井県を訪れ、永芳氏の足取りをたどってみた。

福井市からえちぜん鉄道勝山永平寺《かつやまえいへいじ》線で終点の勝山駅まで約五十五分。下車して対岸の九頭竜《くずりゅう》川を渡り、小ぢんまりした駅前商店街を抜け、国道の向こうにある田園を越えると、樹齢四百年以上、高さ四十メートルもある神々しい杉林の中を通る山道の入り口に着く。道端に「昭和61年8月11日　建設省　日本の道100選」の看板がある。さらにそこから約一キロ、緩やかな坂を上り終えると平泉寺《へいせんじ》白山《はくさん》神社にたどり着いた。

駅から約五キロ。この道を、革靴を履いた永芳氏は「神に歩みゆく厳粛さ」（永芳氏をよく知る平泉氏の親戚の話）で歩き通した。当時は福井市立郷土歴史博物館長だったが、陸上自衛隊で鍛えた健脚はまだ健在である。待っていたのは「皇国史観」を提唱したことで知られる国史学者、平泉澄氏だ。

苔《こけ》むした境内の中ほどにある古びた社務所兼自宅は木造二階建て。一七七八年建立で二百三十年という時間の重みを感じさせる。司馬遼太郎氏は旅行記『街道をゆく』で、「京都の苔寺の苔など、この境内にひろがる苔の規模と質から見れば笑止なほど」と賞賛した。十五畳敷きの一階応接間には、松平慶民《よしたみ》・元宮内相の「忠義塡骨髄」（忠義骨髄をうずむ）という書が掲げられ、袴《はかま》姿の平泉氏とスーツを着た永芳氏が机をはさみ、背筋を伸ばして差し向かいに正座したという。

平泉氏は、日本の歴史を天皇中心でとらえる歴史観を提唱し、「皇国護持」「日本精神」を鼓舞した。農民史を卒論に書こうとした学生に「豚に歴史がありますか。百姓に歴史がありますか」と反問し、「君」は天皇だけに使う敬称であるとして学生を「さん」で呼ぶよう君臣の別を説いた。学徒出陣前の最終講義では短刀を抜いて「皇國の御爲を計る外に何／する事ありて世の中に立つ」と和歌を詠み、「今日を以て幾人かの人々と永久にお別れでありますが、お互いに十分御奉公申し上げませう」と宣言するなど、軍国主義に突き進んだ戦前の東京帝大国史学科の雰囲気を伝えるエピソードを数多く残している。名調子で説く忠臣賛美の物語は聞く者の心を揺さぶり、歴史学者であると同時に稀代《きだい》のアジテーターでもあった。

平泉氏が特にたたえた歴史上の人物が、後醍醐《ごだいご》天皇に忠誠を尽くした楠木正成《まさしげ》。足利尊《たか》氏《うじ》の大軍に囲まれても、絶望的な戦いに少数で挑み切腹して果てた。『忠義の美学』的死」（立花隆氏）こそ、将兵たちが感化された「日本精神」の精髄だった。人間魚雷「回天」を発案した黒木博司海軍少佐や、四五年八月十五日未明に日本の降伏阻止のクーデターを計画した陸軍将校たちは、平泉史学に文字通り心酔していた。

天皇賛美の歴史観は時代相とぴったり合い、軍部から講演依頼が殺到した。戦時中、皇族や政治家、軍人らと交わり、東条英機、近衛文麿《ふみまろ》両首相の相談に乗るなど戦争政策に深くかかわった。昭和天皇、秩父宮、高松宮へ日本政治史を進講したことで名声が高まり、戦後「陸軍が私を畏《おそ》れ敬った」（『東京大学旧職員インタビュー』）と自ら語っている。その影響力は、別の回想で自ら「国政上に私の意見が反映したことは、いろいろあった。最後の決定権は大臣や局長にあって、私はただ、自分の考えを述べただけであるが、傍から見ていると、越権として批判されるのも仕方ない」（『日本』八三年三月号）と述べているほどだ。

敗戦で大学を辞職し郷里に戻り、公職追放にあったが言論活動は続けていた。戦後は「皇国史観の主導者」とされ非難の的《まと》となり、教え子の中には「天皇中心、民衆蔑視の歴史観だ」と反発し、離れていく者も大勢いた。だが、東京帝大国史学科で最後の門下生だった田中卓《たかし》・元皇學館大学長は「『百姓』は歴史としての研究対象にならないということであって、人権問題としておとしめるものではない。平泉史学の特色は、人格主義・伝統主義に立脚し、具体的には国史の中ですぐれた人格を先哲・忠臣・義士に求め、正しい伝統を万世一系の皇統、天皇政治の中に論証されたことである」と反論している。

平泉氏との交流は、永芳氏が幼少の頃に始まった。旧福井藩主の家系だったため、父慶民氏は東京・麻布富士見町《あざぶふじみちょう》の自宅を県出身者の会合に会場として提供した。永芳氏は、そこで平泉氏を知って、少年の身ながら「他の方々には感ぜられない畏敬の念」を抱くようになり、平泉氏もそれを意識していた。

永芳氏は学習院幼稚園に一年間通ったが、小学校はフランス系の暁星に入学。暁星学園中学卒業後、一年間受験浪人した間、東京・本郷区駒込曙町《ほんごうこまごめあけぼのちょう》（現文京区）の平泉邸に預けられた。平泉氏は当時、東京帝大助教授ながら秩父宮《ちちぶのみや》にも進講する新進気鋭の三十七歳。自宅は質素な平屋の借家だった。

門をくぐればすぐに狭い玄関で、畳の五部屋は、幼い三人息子の子供部屋と平泉夫婦が各一室、残りは応接間と食堂で家のすべてだった。寄宿した永芳氏のために、玄関脇の廊下に四畳半の勉強部屋が作られた。庭の藤棚は、年の暮れには実をさらさら鳴らして趣があったという。

主家の永芳氏が、必ず一番風呂に浸《つ》かった。「お風呂お先に頂きます」と恐縮して入り、カラスの行水のようにすぐ出た。遊び盛りの三人息子の遊び相手も務めたが、息子たちからだけでなく、平泉夫婦からも「永様《ながさま》」と呼ばれていた。福井県関係者と会う時、平泉氏は「今日は私は家来ですから」とささやき、年少の永芳氏が先を歩くこともあった。

エリート将校を養成する海軍兵学校には結局受からず、海軍機関学校に合格したが、師弟でありながら主従でもある平泉氏との縁が、永芳氏にとっては一生の糧《かて》となった。その後の人生に決定的な影響を受けた一年間だったことは間違いない。

戦後の平泉氏は、戦後体制打破を訴えた。「現行のマッカーサー憲法なるものは外国の暴力による強制であり、日本国の憲法とすることは恥ずべきこと。何よりも先に顔を洗ってつばの汚れを去るべきだ」。五四年、平泉氏は岸信介元首相が会長の自由党憲法調査会に招かれた席で、激烈に自主憲法制定を主張した。六八年一月十七日にも岸氏と「重要なる会談」をしたと日記に書き残している。翌年、自主憲法制定国民会議（岸会長）が発足した。

六九年八月には雑誌『日本』で、「昭和二十年以後の原理は、すべて外国的原理であった。我が国が経済的に飛躍したにもかかわらず、精神的に昏迷を続け、不安定を繰り返しているのも、ここにその理由があろう。昭和二十年は決して現代日本の輝かしい発足ではなく、悲しむべき枠の出発点と考えられることであろう」と述べている。すでに戦後四半世紀が過ぎようとしていたが、平泉氏の「皇国護持」への信念は不変だった。

平泉氏は筑波藤麿《ふじまろ》宮司時代の五九年三月十日、靖国神社講社大祭に講師として呼ばれたことがある。戦争で亡くなった英霊に感謝を捧げ、日本精神を鼓舞した。講演内容が収録されている『靖国叢書第五集』のまえがきには「参集の一同は一語一語に感激し、涙を流して最後まで静粛に耳を澄まして傾聴した」と記され、平泉氏が「天性のアジテーター」として衰えぬ弁舌を振るい、聴衆を魅了した様子が描かれている。

「書物の名前は『大統領ルーズベルトと一九四一年の開戦』。この本は当時日本に渡ることを許さなかった書物であります。この中にスチムソンの日記が引用してあるのであります。ルーズベルトが言うには『アメリカが先に手を出すと世間がうるさい。まず日本が手を出すように仕向けなければならぬ』。大統領が、こうすれば日本は戦争を仕掛けてくるということを確信し、相談していた」

この主張は、松平永芳宮司が八六年に再開した戦争博物館「遊就館《ゆうしゅうかん》」の展示パネル「ルーズベルトの大戦略」（〇七年一月の変更前）や「日米交渉」（同変更後）の記述に酷似している。パネルを起草した永江太郎・元防衛研究所戦史部主任研究官は、平泉史学を継承する「日本学協会」常務理事でもある。

靖国神社での平泉講演は戦前、東京帝大や陸海軍学校で講義していた頃と変わらぬ扇動的な調子で続き、こう締めくくられた。

「日本の青年達は栄光に満ちて、家に帰ってくることを希望しておらぬ。彼らの願いは、天皇陛下の御為に命を捨てた者の祭られるところ、つまり靖国神社に祭られるということ、これを共通の願として抱いているのである。ここに日本の力の根本がある。これがはっきりしましたときに始めて日本は本来の姿に立ち戻るであろう」

永芳氏が終生師事した皇国のイデオローグは、戦後になっても依然、若者たちの戦死を国難に殉《じゅん》じた「栄光」と称《たた》える戦前からの言説を変えず、一層精力的に説き続けていた。平泉氏に心酔していた永芳氏が、師の教えを実践する上で、これ以上は望めない絶好の地位（靖国神社宮司）を占めていた日々の昂揚《こうよう》感は、察するに余りある。

裏方の軍人生活

松平永芳《ながよし》氏の軍人生活は、皇国護持の高い志とは裏腹に終始、地味なものだった。

終戦後、一時民間会社に勤務したが、一九五三（昭和二十八）年三月、自衛隊の前身、保安隊に入隊。翌年、海軍から一転し陸上自衛隊に移った。父慶民《よしたみ》氏が宮内相だった時、闇米で食いつないでいた群衆が赤旗を押し立て、「天皇の台所を見せろ」と皇居前でデモを行ったことがあった。苦慮する父慶民氏の姿を間近に見て、「いざというとき皇居を守護するためには、海の上でプカプカ浮かんでいるわけにはいかない」と感じたからだという。国民の間には戦後民主主義が浸透していったが、永芳氏は反対に皇国護持の一念を一層強めていった。

志願して保安大（後の防衛大）中隊指導官になったのは、「若い現役のころから陸海軍の将校教育に非常に批判的でありまして、自衛隊がまた誤らないように」（『諸君！』九二年十二月号）との思いからだった。

師である平泉澄《きよし》・元東京帝国大教授が、旧海軍から敬遠されていた事情も、陸上自衛隊に転進した遠因だったかもしれない。例えば最後の海軍大将の伝記『井上成美』（阿川弘之著）には、自由主義的な海軍将校が平泉の国粋主義を批判するエピソードが描かれている。

戦局が不利になり玉砕戦《ぎょくさいせん》が当然になってきた四三年、海軍兵学校校長だった井上が、平泉氏の講義に「あの人の話を、年少の生徒たちにそのまま聞かせるわけにはいかない」と待ったをかけた。若者が忠義の死を美化し、死に急ぐことを恐れたからだった。生徒全員が聴講していたものを、教官だけの研究会で話を聞くことにした。

平泉氏の話を熱心にメモしていた教官に、別の教官が井上の意を汲んで「生徒に伝へる必要なんかあるんですかネ。あんなもの学問ぢやないでしょ」と言ったこともあった。平泉氏の弟子が抗議に来ると、批判した教官は「あの講義は、紙屑の中から南朝のことか何か書いた古い短冊を拾い出して来て、ただ節をつけてありがたく拝んでいるようなもんで、御信仰なら仕方が無いけど、近代的な意味でのヴィッセンシャフト（科学）とは言へないんぢやないですか」と反論したという。

これに対して陸軍は、終戦内閣の陸相だった阿南惟幾《あなみこれちか》大将や宮城事件を起こした将校らが、終戦間近に平泉氏に善後策を相談するなど、最後まで平泉氏寄りだった。永芳氏の中に、平泉氏を敬遠した海軍の気風に見切りをつけ、師の教えを若い自衛官に説く理想がなかっただろうか。

ところが、自衛官の教育を立て直そうと意気込んだ矢先の五五年三月、永芳氏は結核性脳膜炎で入院してしまう。生死をさまようほどの危篤状態に陥り、一時は白装束まで用意したという。五七年四月に退院し、二年ぶりで勤務に復帰したが、所詮《しょせん》病み上がりの身。志かなわず、戦後の「軍人」人生も再び出世コースから外れた。

就《つ》いた役職は、防衛庁防衛研修所戦史室の史料係長だった。室長は軍政畑の秀才で将来は陸軍大将との期待が高かった西浦進元大佐。太平洋戦争の戦記をまとめる百二巻に及ぶ大著『公刊　戦史叢書』の準備を進め、旧軍の参謀クラス三十数人が戦史編纂《へんさん》官として集っていた。

しかし、史料係長は編集、執筆を担当する編纂官のサポート役にすぎない。閲覧しやすいように資料整理をするのが主な仕事だ。戦場で戦うのが編纂官とすれば、後方支援部隊といえる。この頃、永芳氏は靖国神社をたびたび訪れていた。遊就館《ゆうしゅうかん》再開前に武器や遺品などが納められた遺品宝物館で、資料を収集していたらしい。海軍の機関士官だった戦前と同様、戦後も裏方に徹した軍人生活だった。

史料係長としては目立った成果はなかったが、隊員の教育には熱心だった。六〇年四月、東京・市ケ谷《いちがや》に新設された史料庫が永芳氏の勤務先である。正門から史料庫へ抜けるには裏道があったが、永芳氏だけは決してそこを通らなかった。編纂官らに対しても「正規の道を通れ」と注意したが、皆改めようとしなかった。すると、永芳氏はついに「この道は犬の道なり」と書いた看板をその道に掲げた。当時編纂官だった近藤新治・軍事史学会元副会長は「すごい看板だなと、松平さんとお互い笑いあった。殿様らしく礼儀に厳しい人だった」と振り返る。

編纂官でなかったため、永芳氏が歴史観を表に出して編集方針を議論することはなかったが、靖国神社の宮司就任後、皇国史観に彩られた戦争博物館「遊就館」を再開するに当たり、展示の原案を伝え聞いた近藤氏は「我々軍人が聞いても勇まし過ぎる。これで大丈夫かな」と心配したという。

永芳氏は戦後のドライな自衛官たちに、腹立たしさを覚えていたようだ。後に「隊員に対する思想、精神教育が不十分であることを痛感し、思想鍛錬に努力した」（『日本』七一年五月号）と回想している。資材統制隊にいた退任前の二年間は、十日ごとに自らが執筆、印刷した資料を部下に配布していた。六六年七月一日に配った資料では、新憲法制定に抗議して自殺した憲法学者らを紹介し、腐敗した役人に抗議して入水自殺した古代中国・楚《そ》の屈原《くつげん》になぞらえ「美しくも清らかな死」を説いた。時事問題、隊内問題から歴史、教育問題まで、部下たちに配布した同趣旨の資料は計八十編に及んだ。

六八年に一等陸佐で退官。福井市長に請われて故郷《こ》の同市立郷土歴史博物館長に就任した。同博物館が開館した時、伝記編纂のため東京の自宅に父慶民氏が私蔵していた「春嶽公記念文庫」から、春嶽の書き残した資料の一部を寄付した。その後も七〇〜九七年にかけて四次にわたり、書物や拝領品などの大半計千三百十一件、六千百七十九点を寄付している。今では「福井市春嶽公記念文庫」と改称され、資料の豊富さで同博物館の評価を高めている。

館長就任の記者会見で永芳氏は「館長兼館員兼切符売りの気持ちで、みんなと一緒に箒《ほうき》を持ったりはたきを持って駆け回っているから、歴史館へ来て驚きなさるな」と述べた。まだ五十三歳の働き盛り。その言葉の通り、当時、同館学芸員だった伴五十嗣郎《ばんいそしろう》・皇學館大前学長によると「（永芳氏が）作業服に着替へて展示ケースのガラス面の清掃や、館庭の草抜きなどを毎朝の日課とされた。来館者が用務員さんと誤解して、横柄に話し掛け、後で松平様と知って恐縮し、大慌てする場面をよく目にした」。戦史室時代と同じく地道に資料整理に励んでいた。

博物館長として講演依頼もたびたびあり、戦後教育批判を説くこともあったが、話す内容の大半は祖父春嶽のことで、春嶽の生き方に自らの生き方を重ね合わせているようだった。

「お殿様」の末裔《まつえい》として、地元の人々に慕われながら余生を終えると思われたが、十年後、靖国神社の宮司就任という思いがけない人事が降って湧いた。老年近くになって一世一代の大舞台が用意され、郷里でうずもれていた永芳氏の戦後民主主義批判の思想は、日本中、いや世界に発信されることになった。

第二章　宮司選出の舞台裏

神職「一家」の確執

一九七八（昭和五十三）年春、靖国神社は宮司選出という創立以来初めての事態に直面した。戦前は、陸軍省・海軍省の管轄下にあり、戦後、四六年に民間の宗教法人に変わってからは、皇族から臣籍降下した筑波藤麿《ふじまろ》宮司が三十二年間も務めていたからだ。GHQの占領が終わった後、五二年九月に定められた社憲には「宮司推薦委員会」の規定があるが、七八年まで一度も開かれたことはない。

A級戦犯合祀《ごうし》は筑波氏の後、松平氏が宮司に就任してすぐに行われた。ということは、松平宮司の選出自体が、そもそも合祀を実行に移すための人選だったと考えることも可能だ。松平宮司誕生のいきさつそのものに、A級戦犯が合祀された背景や狙いが秘められているのではないか。そう考えて、私たちは当時の経緯を詳しく洗い直すことにした。

筑波元宮司は七八年三月二十日に急死した。同月七日の全国護国神社会総会に出席した翌日、急に身体の不調を訴えて入院し、そのまま心筋梗塞《こうそく》で亡くなった。七十三歳だった。

後に、松平宮司誕生の影響があまりに大きかったことから、突然だった筑波氏の死因についてはいろいろな憶測も流れた。「本当は交通事故で車にはねられたようだ」「筑波氏を快く思わない勢力が排除しようとしたのではないか」等々。いずれも根も葉もない噂に過ぎないが、こうした噂が立つのも、多くの関係者が筑波氏から松平氏への交代を靖国戦後史の転換点と感じていることの表れかもしれない。

筑波氏はGHQ占領下の四六年一月、宮司に就任した。軍人宮司を警戒するGHQへの対策として、元陸軍大将の鈴木孝雄元宮司に代わり、旧皇族山階宮《やましなのみや》家出身で歴史研究家でもある筑波氏が登場した。敗戦によって戦後民主主義の象徴となった皇室に寄り添い、A級戦犯合祀を死ぬまで保留のままで通した。筑波元宮司の三十二年間は、靖国神社が戦後平和主義の道を歩んだ時代だった。

戦後の象徴天皇に倣うかのように、自ら神社の「象徴」然とした存在だった筑波元宮司の下では、ナンバー2の権《ごん》宮司も池田良八氏が三十年間在職し、事務の一切を取り仕切った。筑波元宮司急死後の緊急対処として、当初は池田権宮司がそのまま宮司に昇格する人事が進行していた。

だが、長年の固定化した体制は、どんな組織でも無用のあつれきや反動を生む。靖国神社でも三十年間の重しが外れ、GHQ占領下から変わらなかった神社内部のパワーバランスに変化が生じた。池田宮司選出を覆す動きは、まず神社内から起きた。

東京・青山斎場で筑波宮司の靖国神社葬が行われたのが三月二十九日。翌々日、東京・九段《くだん》会館にある日本遺族会事務局を、一人の神職が思いつめた顔つきで訪れた。鈴木忠正禰宜《ねぎ》。戦前の三三年に神職見習いとして靖国神社に入って以来、靖国一筋の古手のたたき上げだ。鈴木禰宜は、応対した板垣正事務局長（後に参院議員）に、のっけから涙を流さんばかりにぶちまけた。

「池田さんが宮司になりかかっているけど、あの人には神職たちからの人望がありません。池田さんの奥さんにも問題があります。神社がまとまらなくなるので絶対にやめていただきたい。これは神職挙げてのお願いです」

遺族会の事務局は、六六年に九段会館に移転する前は靖国神社の境内にあり、事務職員同士の交流が深かった。中でも板垣氏と鈴木氏は気軽に盃を交わし、国の行く末を論じ合う仲だった。その板垣氏も、鈴木氏のこんな表情を見るのは初めてで、神に仕える神職の世界にも世俗と同じ人間関係が渦巻いていることに鼻白んだ。

鈴木禰宜は神社の最古参で、新序列では神社内の三番手に位置する。訴えを無下に扱えば、新宮司の体制がまとまらない恐れがあると容易に推測された。これは事務方である自分の手に余ると感じた板垣氏は、翌四月一日、判断を仰ぐため遺族会会長の村上勇《いさむ》・元建設相に事情を話した。

二日後の同月三日、後任宮司について話し合う崇敬者総代会《すうけいしゃそうだいかい》が開かれ、総代でもある村上会長は「もう少し待って、よく検討した方がいい」と発言。総代会が池田権宮司を推挙する流れは保留になった。

言い出した責任もあって、村上会長は自ら後任の検討に乗り出した。同月十七日、村上会長は宮内庁を訪れ、宇佐美毅《たけし》長官に助言を仰いだが妙案はない。結局、新宮司選出はそれから一ヵ月も足踏みすることになる。

その間、鈴木禰宜は村上会長や他の総代の元へも足を運び、池田権宮司の宮司昇格阻止を訴えて回った。当の池田権宮司は宮司人事に口を挟むこともなく、これまで通り粛々と事務を取り仕切る日々を送っていた。池田氏の長男水穂氏は亡父の人となりをこう語る。

「決められた通りに淡々と仕事するだけで、自分の意思は表に出さない人でした。元々出世欲もなかったのに、敗戦で上の神職たちが次々に辞めていく中で、たまたま残った父が権宮司になったようです」。恨みを買う人柄ではなかった池田氏の宮司就任に反対が起きたのは、別の事情があったようだ。

戦前のエリート神職養成機関は、国立の神宮皇學館大学と私立の國學院大学だった。特に国立の皇學館は難関校の一つとされた。戦後、「国家神道を主導した」として神宮皇學館は廃校になったが、六二（昭和三十七）年に私立大学として復校した。現在もこの二校が伊勢神宮、明治神宮、靖国神社など格式ある神社や神社本庁に卒業生を送り出している。神社界での学閥は、世俗より露骨だ。神職が初対面の年配者から「君はどっち（皇學館か國學院）の出身だ」とあいさつがわりに聞かれるのも当たり前になっている。

鈴木禰宜は出身地の福島県で神職候補者養成所を修了し、そのまま見習いとして三三年、靖国神社に入った。本来、神社での出世は望めなかったが、戦後の混乱期にエリート職員が辞めていき、生え抜きの最古参となった。学歴がないぶん努力を重ね、筑波宮司―池田権宮司―坂本定夫・上席禰宜に次いで、神社内の四番手に就《つ》くまで出世した。特に励んだのは、祝詞《のりと》を書くための書道の練習だ。腕前は十段のさらに上の師範。当時、神社に住み着いていたある占師が「油断のならない、人を突き刺す字である」と評した逸話が伝わる。

坂本氏は終戦直後にGHQとの交渉を担当した切れ者で、池田権宮司の一番の相談役だったが、七三年、郷里の秋田県の神社を継ぐことになり退職。順当なら鈴木氏が上席禰宜になると思われた。ところが筑波宮司と池田権宮司は、奈良県の大神《おおみわ》神社奉賛会事務局長だった藤田勝重氏を起用した。藤田氏は神宮皇學館卒後、近江神宮権宮司などを務め、戦後は香川県庁課長をこなしたエリートの一人だ。池田権宮司も神宮皇學館卒で、靖国神社に来る前に朝鮮神宮に十年間勤めている。「父は神社全体のことをよくわかった人を選んだのだろうが、鈴木さんは悔しかったかもしれない」と池田水穂氏は振り返る。

考え方の不一致もあった。鈴木禰宜はA級戦犯の合祀保留に批判的な立場で、合祀を実行するよう筑波宮司を突き上げたこともあった。間に立つ池田権宮司は粛々と宮司に従い、実務をこなしていた。「鈴木さんを権宮司にしたらいけません」。筑波宮司は内心、苦々しく思っていたらしく、側近の馬場久夫元広報課長にこう漏らしていた。普段は感情を表に出さない筑波宮司にしては珍しく、はっきり言い切ったという。

神社内では人間関係が家族ぐるみであることも大きく影響した。現在も神職は、神社近くの職員寮で暮らすが、当時は宮司、権宮司、禰宜の幹部世帯は、神社近くの同じ敷地内にあった五棟の木造二階建ての一軒家に住み、子供同士は同じ小中学校に通っていたため、家族のように濃密な付き合いがあった。

神社の序列はそのまま家族の人間関係に重なる。神職の妻たちは境内で裏千家の茶会を開く慣わしだったが、自然と池田権宮司の妻和枝さんがリーダー格になった。年末は歳暮を持参し、正月には年始のあいさつに、神職の妻たちは頻繁に池田家を訪れた。池田夫人は夫と対照的に、思ったことは表に出す人だったようだ。境内である神職とすれ違いざま「あなたのところはまともな子供ね。ちゃんとあいさつしていたわ」と声を掛けたり、筑波元宮司の死後「うちは権のつかない宮司になりますから」と吹聴《ふいちょう》するのを聞かされた元職員もいた。長男の水穂氏さえ「母ははっきりした物言いをするので、誤解されやすかった。快く思わなかった人もいるかも知れない。父を宮司にしないようにするため、母が宣伝材料に使われたと思う」と回想するほどだ。

池田権宮司と鈴木禰宜の家は隣同士だが、元職員は「妻同士の仲は悪く、鈴木さんの妻が他の職員の奥さんに泣いて訴えたこともあった」と証言した。東京の中心にいながら三十年間、職場も私生活も一緒という狭い「村社会」は、一度関係が煮詰まると息苦しかっただろうが、筑波時代は異動も定年もなかった。鈴木禰宜は「池田宮司」の下では日の目を見られないと思いつめたのか、筑波宮司の社葬が終わるとすぐ「池田宮司」誕生を阻止する行動に出たのだった。

奔走が実り、松平永芳《ながよし》氏が宮司に就任してからも、池田権宮司は神職ではない新宮司の下で相変わらず粛々と実務をこなした。七八年十月十七日の例大祭で、A級戦犯合祀を担当したのは池田権宮司だった。しかし、同年十二月に定年規定が設けられ、翌年二月に七十歳の誕生日を迎えた池田氏は退職。明らかに狙いを定めたリストラだった。それでも周囲に愚痴一つこぼすことなく、名誉職の宮司相談役に退いて一年間務めた後、靖国神社を去っていった。

池田権宮司が外れると、そのままの序列で下位の職員が持ち上がった。藤田上席禰宜が権宮司に昇格し、鈴木禰宜は晴れてナンバー3に。八一年七月には鈴木禰宜も権宮司に昇格した。自ら仕掛けて手に入れた靖国神社神職のトップの座だった。これまで歴代十三人の権宮司のうち、皇學館、國學院両大学以外の出身者は、終戦間もなく死去した日に特別昇格した元陸軍事務官の他には鈴木氏しかいない。この一点から見ても、異例といえるだろう。

鈴木禰宜は松平宮司誕生を喜んでいた。馬場元広報課長は「まるで鈴木さんが松平宮司を連れてきたみたいな感じだった」と振り返る。当時の話を聞こうと〇六年十一月、千葉県内の自宅を訪ねてみたが、鈴木氏の家族は「父は認知症で話すことができません」と答え、面会は適《かな》わなかった。退職後二十二年たち、九十二歳になっているはずだった。

一方、池田氏の長男水穂氏は「辞めさせられた当時は不満だったと思うが、今になって考えると定年制が敷かれて、神社の風通しがよくなったと思う」と語った。

最高裁長官の指名

話を戻そう。きっかけはどこにでもありそうな職場の確執だったが、靖国神社の宮司という存在は大きい。この人事が持つ意味を察した大物たちが次々と乗り出し、思わぬ方向へ転がっていった。

「池田宮司」案が凍結されてから約一ヵ月後の七八（昭和五十三）年五月一日。東京・丸の内から皇居を見下ろす国際ビルの八階。旧華族や政治家、財界人OBのサロン「日本倶楽部」の一室で、日本遺族会の板垣正事務局長は石田和外《かずと》・元最高裁長官に後任の人選を相談した。宮司選出に奔走した板垣氏は、当時の行動を詳細なメモに残している。

石田氏は最高裁長官を七三年に退任後、首相の靖国神社公式参拝を求める「英霊にこたえる会」会長を務め、板垣氏が同会事務局長を兼ねていた。当時は七六年に発足した同会の全国組織を作ろうと、二人で全国行脚《あんぎゃ》をしている最中だった。板垣氏が靖国神社宮司の人事が難航している事情を話すと、石田氏は即答した。

「適任が一人いますよ。松平永芳《ながよし》という立派な人で、松平春嶽《しゅんがく》公の孫です」

石田氏は松平氏と同郷の福井県出身。旧制福井中学の同窓会「明新会」会長や、福井県出身者の学生寮「輔仁会《ほじんかい》」理事長を務めた関係で、旧福井藩主の家系に連なる松平氏と親交があった。タカ派、保守派と目されていた石田氏は、「国や英霊を思う気持ちに並々ならないものを感じる」と松平氏を熱心に推薦した。

鶴の一声だった。板垣氏が早速、日本遺族会会長の村上勇・元建設相に報告すると、村上会長は福井県選出の熊谷太三郎参院議員に相談した。

「存じ上げている。立派な方だ」

熊谷議員の評価は上々だった。同二十五日、石田氏が村上会長を都内の事務所に訪ねて、松平氏を宮司に推薦する方針を決め、総代への働きかけが始まった。

六月上旬、石田氏が用意した資料が総代に配られた。『祖父春嶽の遺志を継いで』と題する福井県内のある機関誌に掲載された松平氏の文章が含まれていた。松平春嶽が明治初期、維新の殉職者を祭る招魂社《しょうこんしゃ》を建立し、自ら「招魂社」の文字を揮毫《きごう》し社頭に飾らせたエピソードを紹介し、次のように締めくくられていた。

「今日の我が国の繁栄と平和が、……特に今次大戦に於いて勇戦敢闘、遂に国難に殉ぜられた方々の力によって支えられていることを忘却し去って勝手な時代迎合論を振りまいて過去の戦争を批判している同胞、彼らはすべからく謙虚に反省し、殉国者慰霊のまごころを取り戻さなければなるまい」

はじめから靖国神社の関係者であったかと見紛《みまが》うような、殉職者の慰霊に対する強い思い入れを感じさせる。

村上会長は六月八日、皇族の高松宮《たかまつのみや》にも相談している。松平氏と同じく海軍出身で、松平氏の父慶民《よしたみ》氏が終戦直後、宮内大臣を務めた縁で、互いによく知る間柄だった。高松宮の死後、松平氏は伝記の編纂《へんさん》に加わっている。

この時、高松宮は松平宮司案に「うってつけ」と賛同したが、同時に「少し激しい人なので、場合によっては難しいこともあるのではないか」と言い添えたという。

ちなみに富田メモは、高松宮に対する昭和天皇の人物評も書き残していた。「高松さんわね、弟だが私にはよくないと思う側面と逆にいいと思も（う）面もある。（前者は）何か人事などが昔から好きで、取り巻く政治家めいた者達と軽く話したり、政治的発言をしていたことを知っている。それが自分ではよい楽しいと思っていたらしい」（八八年五月九日）。松平宮司を選んだ靖国人事を直接批判しているわけではないが、高松宮が人事に口添えすることを快くは思っていなかったことが分かる。

政治家や皇族への働きかけと前後して松平氏本人への説得も始まった。石田氏が自ら口説く一方で、別の福井県人も動いた。六月三日、村上会長は福井県選出の平泉渉《わたる》衆院議員に電話を入れた。帰郷して父の平泉澄《きよし》・元東京帝大教授に会い、澄氏から松平氏を説得してもらうよう依頼したのだ。

平泉澄氏は郷里の福井県勝山《かつやま》市の平泉寺《へいせんじ》白山《はくさん》神社で宮司をしながら、言論活動を続けていた。平泉澄氏の日記『寒林年譜』には同月四日、「村上勇氏より靖国神社宮司に松平永芳氏を推薦方相談あり」との記述がある。

就任要請を受けた当初、松平氏は石田氏に「先生のおっしゃることなら大抵はお受けしますが、大役はお受けできません」と難色を示したという。神職の資格を持っていないだけでなく、遺族・戦友がしだいに減って神社の財政基盤の先細りは必至であり、経営手腕に優れた者でないと務まらないという理由だったが、最後は石田氏に説得された。靖国神社創立百二十周年に際し、松平氏は受諾に至った経緯を振り返り、石田氏との次のやりとりが決定的だったと自ら語っている。

松平氏「東京裁判を否定しなければ日本の精神復興は出来ないと思うから、いわゆるA級戦犯の方々も祭るべきだ」

石田氏「国際法その他から考えて当然祭ってしかるべきものと思う」

松平氏は後に「宮司着任前から、東京裁判を否定しないかぎり日本の精神復興はできないという考えを持っていた」と明かしている。石田氏との話し合いで、靖国神社の宮司就任が「A級戦犯合祀↓東京裁判否定↓日本精神復興」という年来の計画を実現させるのに格好のポジションであることに気付いたのだろう。師である平泉澄氏がA級戦犯合祀の正当性を訴えていたことは前章で触れた。昭和天皇の合祀反対姿勢は知っていたが、「法の番人」だった石田氏から「国際法上、問題なし」とのお墨付きを得て、「これは行ける」と考えたのではないか。

総代会で松平氏の宮司就任が了承されたのは六月二十二日。その日のうちに職員にも説明があり、同二十六日、権《ごん》宮司、禰《ね》宜《ぎ》ら幹部職員と総代で構成する宮司推薦委員会が開催され、正式に決定した。「自分が靖国神社から戦後民主主義の日本を改革してみせよう」。松平氏はそう意気込んで靖国神社に乗り込んだに違いない。

保守旋回の人事

一九六〇～七〇年代は安保闘争、学園紛争の時代だった。保革両勢力が激突した。靖国神社は保守勢力のシンボルと見なされ、左派からの攻撃にさらされていた。国家護持を目指す靖国神社法案は社会党、共産党などの反対で七四年六月、五たび廃案になった。七一年にはA級戦犯の東条英機ら七人の遺骨が納められた静岡県熱海《あたみ》市の興亜観音で、「殉国七士」の碑が左翼の過激派に爆破された。松平永芳《ながよし》宮司には、敗戦とは別の新たな時代の荒波から靖国神社を守る役目も負わされていた。

松平擁立派の狙いは当たった。神社トップの交代は、リベラルでおおらかだった筑波時代から、保守的で厳格な松平時代へ、靖国神社の性格を大きく転換させた。反核平和運動で欧州の宗教者と交流し感銘を受けていた筑波藤麿《ふじまろ》元宮司は、天皇の命令で戦死した者を祀《まつ》る靖国神社内に、全世界の戦没者を等しく祭る鎮霊社《ちんれいしゃ》を建立したが、松平宮司は東京裁判史観を否定するためA級戦犯合祀《ごうし》に踏み切った。松平宮司の選出には、靖国神社を保革対決時代の保守勢力側の重要な橋頭堡《きょうとうほ》として位置づけ直す運営方針転換の思惑が込められていた。

鶴の一声を発した石田氏の足跡をたどっても、そのことは裏付けられる。六九年一月から七三年五月まで最高裁長官を務めた石田氏は、最高裁の性格を一変させたといわれる。石田氏の就任前は人権重視のリベラル派の全盛時代だったが、石田長官以後は「公共の福祉」重視の保守派が司法の頂点を固めるようになった。

七〇年一月、当時の自民党幹部は「裁判官が極端に左傾化している」と批判し、象徴として青年法律家協会（青法協）を名指しした。石田長官は青法協に加入していた最高裁判事を脱会させ、それ以後、青法協に入っている司法修習生を不採用にした。「思想信条の自由の侵害だ」と猛烈な抗議を受けたが動じず、同年五月二日、憲法記念日を前にした記者会見で「極端な国家主義者、無政府主義者、はっきりした共産主義者の裁判官は道義上、好ましくない」と任官条件の制約を明言した。

学生運動やストライキ、左翼を毛嫌いし、「日本では東大（安田講堂）事件までは裁判官が公安事件に寛大すぎた。父親のような厳しさで臨むようになったのはいいことだ」（六九年九月、記者団に）、「共産主義国家では個人の自由や人権は制限されている。共産主義を目指す左翼系の人々が憲法擁護を強調するのは不可解で、現秩序破壊の戦術に過ぎぬものと考えるほかない」（『石田和外遺文抄』）などと広言してはばからず、講演で「社会の安定勢力と申しますか、いわば保守的な役割を、裁判官は果たさなければならないと思います」と述べている。

手がけた判決も筋金入りの保守派らしい。典型的なのが、公務員ストに関する判例だ。六六年十月の全逓《ぜんてい》東京中郵事件判決、六九年四月の都教組事件判決で、最高裁は公務員のスト権を認め、当時「画期的な判決」とされた。しかし、石田長官は退任直前、七三年四月の全農林警職法事件判決で、一転して非現業職員の争議行為の禁止規定を全面的に合憲とした。公務員に労働基本権をどこまで認めるかは、戦後長く裁判で争われてきたが、石田長官時代にほぼ決着がついたというのが定説だ。

長官在職中の四年間で判例を変更するため、石田氏は人事で着々と布石を打っていた。

最高裁の判事は計十五人。毎日新聞司法担当記者だった山本祐司元社会部長の『最高裁物語』の分類によると、石田長官の就任当初は「リベラル派九人、保守派六人」の構成だったのが、退任直前には「リベラル派四人、保守派十一人」とオセロの白黒をひっくり返すように逆転していたという。定年で退職するリベラル派の後任に保守派の裁判官を次々に集め、四年の歳月を掛け着々と路線転換を進めたのだ。最高裁判事の任命権は内閣にあるが、最高裁長官の意向が尊重される慣例がある。石田人事が最高裁の性格を一変させた。退任の記者会見で記者から「自分を採点すると」と問われた石田氏は、「まず百点というところでしょう」と答えている。

退職後、鎌倉市の自宅で静かに余生を送っていた石田氏の元に、七六年六月中旬、「尊敬するある友人」から一本の電話が入った。「英霊にこたえる会」会長就任の依頼だった。長官在任中も靖国神社参拝を欠かさなかった石田氏は、「私で間に合うならお任せします」と即答したという。同月二十二日、東京・九段会館で開かれた同会結成式の会長就任あいさつで、石田氏は自らエピソードを披露した。

熱心な靖国参拝者だった石田氏を、さらに靖国神社と深く結び付けるきっかけを作った「尊敬するある友人」とは、右翼・民族派の評論家、中村武彦氏だった。大正元年生まれで、戦前、「国の難局を救う道は天皇に直属する軍隊が変革の主体になる以外ない」と右翼テロに参画。一九三三（昭和八）年七月、政界要人を暗殺して国家改造を行おうと計画した神兵隊事件に加わるが、未然に発覚して検挙された。無罪放免後も四一年八月に平沼騏《き》一郎《いちろう》元首相を襲撃し（平沼は軽傷）、首謀者として再び検挙された。当時、平沼襲撃事件を裁いた東京地裁の裁判長が、若き日の石田氏だった。

公判中に保釈されていた中村氏らが、今度は反東条英機派として一斉検挙されると、石田裁判長は「不当な人権無視、裁判所軽視も甚だしい」と憤った。石田裁判長は「（甘粕正彦憲兵大尉がアナキストの大杉栄を強制連行、殺害した）甘粕事件の例もある。被告らを少しでも安全な元の拘置所へ戻すことが最上の策」と考え、保釈取り消しの裁判を開くよう検事総長に迫り、中村氏らを勾留して保護した。戦時中に裁判所の独立を守ったその態度に中村氏は感激し、服役後も裁判官と元被告の立場を超えて交流は続いた。

七〇年十一月、作家の三島由紀夫が自衛隊に決起を促し、かなわず割腹自決する事件が起きた。その晩遅く、当時、最高裁長官だった石田氏は、中村氏の元に電話を掛けていた。中村氏は「最も尊敬する恩人、今の世の中にまれなる武人で最高裁長官の現職にある人が、私のような者とは違った角度から、しかもやっぱり私と同じような衝撃を受け、感慨に沈んでおられた」と回想している。

二人には「憂国の念」で通じ合うものがあったようだ。「英霊にこたえる会」の会長候補に石田氏の名前が挙がった時、前最高裁長官という肩書が政治・思想色の強い団体の代表を務める障害になるのではないかという懸念が関係者にあり、説得できるならこの人しかいないと白羽の矢が立ったのが中村氏だった。石田氏は十二分にその期待に応えた。筑波元宮司の後任に松平氏を推薦した七八年五月、「英霊にこたえる会」鹿児島県本部の結成式あいさつには、ある種の高揚感がにじんでいる。

「占領軍が日本に上陸すると真っ先にやったことは、靖国神社をないがしろにすることであった。日本人の魂を抜くところに大きな占領軍の配慮があった。あの戦争は日本側としてはやはりやむを得ず戦わなくてはいけなかった。あの憲法は占領軍が押しつけた憲法だといわれております。日本に平和をもたらす中に命をなげ捨てていただいた二五〇万体の英霊の方たちに心から尊敬と、感謝の誠をささげる」

A級戦犯が合祀される直前の同九月には、最高裁長官在任中も稽古を欠かさなかった得意の剣道になぞらえて、月刊経済誌に以下のように寄稿した。

「東京裁判は向こうの策略と言っていい。剣道で言うならば、白刃と白刃を交えた状態で、我が国の奇襲作戦が成功したということは、アメリカの油断ということ。日本人の国体観念を破壊し、日本人の魂の拠りどころを蔑《ないがし》ろにしようとする作為で、靖国神社問題も、やはりそういうところに原因がある」

石田氏はA級戦犯合祀を見届けるかのように、合祀が報道で世に知られた翌月の七九年五月、死去した。

戦前、テロに走った右翼の論客が、「靖国擁護体制」を強化する団体のトップとして元最高裁長官を口説き、その二年後、今度はその元長官が靖国神社の新たな宮司を誕生させ、A級戦犯合祀が成し遂げられた。

松平宮司の選任は、戦後、民主主義化していた靖国神社を苦々しく思っていた勢力が、神社に打ち込んだ楔《くさび》だったという見方もできるのではないか。松平宮司誕生の舞台裏を洗い直すと、A級戦犯合祀は単に松平宮司一人の行為ではなく、松平宮司を擁立した社会的勢力の表出であったと考えずにはいられない。

第三章　改革の遺産と誤算

松平「構造改革」

故郷の福井市立郷土歴史博物館長として静かに余生を送っていた松平永芳《ながよし》氏は、靖国神社宮司に就任するなり、精力的に動き始めた。時至ればいつでも「戦後民主主義の虚妄」に挑まんと身構えていた熱烈な闘志が、長年の熟成期間をくぐって一気に噴き出したかのようだった。それまでの松平氏の立場で同じ行動に出たなら、激情家の単なる奇矯な振舞いと白眼視されただけであっただろうに、靖国神社宮司という地位が、これに無類の重みを与えた。「靖国神社中興の祖と言われたい」。英霊の杜《もり》に乗り込んできた意気込みは、並大抵のものではなかった。

A級戦犯合祀《ごうし》に続いて松平宮司が休む間もなく打ち出した「改革」は、定年制という事実上のリストラである。秋季例大祭の翌々月、一九七八（昭和五十三）年十二月には早くも神社の規約を改正し、「よぼよぼしたのを置いてもよくならない」と言って自ら実務を仕切るようになった。筑波前宮司時代に一貫して実務の責任者だった池田良八権《ごん》宮司は七九年二月、新たな規定を適用されて退職した。三十年余も神社に尽くしたナンバー2でさえ、この有り様だ。松平宮司の大なたは一般職員たちにも容赦なく振るわれ、就任時に約百五十人いた職員は、数年の間で百人を切るまでに減らされた。

七九年に元宮司宿舎など社有地の一部約二二八〇平方メートルを売却。額は十億円とも言われ、本殿や社務所の改修資金を蓄えた。筑波前宮司が生前、「売りたかったが、自分が生まれた土地を人に買ってくれなんて言えない」と逡巡《しゅんじゅん》していた土地だった。神職たちの家族が一緒に住んでいた懐かしの家屋群も取り壊され、土地は民間企業に貸し出された。国家護持問題を議論していたという事情もあったのだろうが、のんびりと無為に年月をやり過ごし、神社の経営立て直しにはほとんど手を付けなかった筑波時代とは、まさに百八十度の転換だった。松平宮司は懐古趣味や情に流されることなく、高度経済成長の時流に乗り遅れていた神社経営に次々とメスを入れていった。

八一年、それまでの単式簿記を複式簿記に改定。八二年には会計監査法人の指導監査制を導入した。事務処理の合理化も進め、社報や例大祭案内状の発送にコンピューターを導入した。その間、職員のリストラに励んだのは言うまでもない。八五年四月の春季例大祭のあいさつでは「宮司が焦りを感じ、少々強引に事を推進して居りますのは、現世相から判断致しまして、十年位後では如何ともならなくなるであらう。戦前戦中派の激減によって、やがて神社の経営状態は非常な苦境に陥るであらうことを予測しての事であります」と財政再建への意気込みを訴えている。松平氏に仕えた元幹部職員は「参拝客が減って一時経営が厳しかったが、松平宮司が将来困らないよう立て直した。今日で言えば、日産のカルロス・ゴーン社長のような人だった」と証言する。

八六年には戦史資料館「遊就館《ゆうしゅうかん》」を復元し、運営を再開。今日、多くの来場者でにぎわい、神社の大きな収入源となっているが、その基礎を作ったのは松平改革だった。遊就館再開には、財政再建だけでなく若者の教育拠点という目的も込められていた。「宮司は、御祭神並びに当神社の性格を、次世代を担う同胞に理解させる『教育の場』として、一日でも早く完備することこそ、混迷せる現世相下に於ける急務であるとの認識に基づいて、改正を決断した」。八二年十一月一日付の機構改革で神社内に「遊就館再開部」を設けた際、松平宮司は社報でこう説明している。軍部から神社に運営を委託された戦後、宝物遺物の整理、保守管理にとどまっていた遊就館の役割を、日本社会の教化施設へ転換したのだ。「大東亜戦争は避けられない戦争だった」とする松平宮司の歴史観が、世界に発信される宣伝拠点が誕生した。

遊就館の呼び物の一つは、現在一階の大展示場中央に陳列されている人間魚雷「回天」だ。太平洋戦争末期に「海の特攻隊」として使われ、百人余の若い兵士の命を奪った。ハワイ米陸軍博物館にあった現物が、松平宮司が就任して間もない七九年十月に永久貸与されることになった。「回天」を発案した黒木博司海軍少佐は海軍機関学校で松平宮司の四年後輩に当たり、指揮官は義父の醍醐《だいご》忠重中将である。松平宮司は二人の追悼冊子をまとめている。こうした因縁もあって、「回天」は松平宮司が再開した遊就館の中でもとりわけ個人的な思い入れが凝縮された展示品だ。

「自分には経営手腕がないから」と一度は断った宮司職だったが、就任してみると周囲を戸惑わせるほどの剛腕を発揮した。防衛庁防衛研究所における松平氏の後輩で、生前長く親交があった永江太郎・元主任研究官は、「松平改革」の特徴について「人事、情報、兵站《へいたん》など軍隊の戦略はすべてマネジメント。軍の教育を受けていたから神社経営の問題点はすぐわかる。経営再建は軍人的な発想だと思います」と分析する。

成立していれば国が神社の維持費を支出することになったはずの国家護持法案が廃案になったことで、靖国神社は否応《いやおう》なく財政の基盤作りを迫られていた。しかし、そもそも法案の成否とは無関係に、松平宮司は「宗教としての自活力をつけたい」と周囲に語っていた。確実に減っていく戦没者遺族に頼らず、民間の一宗教法人として新たに独自の支持層を獲得し、それを基に経営を安定させたいと考えていたのだ。

七〇年代前半まで盛り上がっていた国家護持運動は、当時すでに下火だったとはいえ、まだ十分に余韻《よいん》を引きずっていたが、松平宮司は反対の立場を鮮明にし、①靖国神社の名称、②本殿のたたずまい、③神道祭式――という神社の三つの根幹は決して変えないとする「松平三原則」を打ち出した。

問われれば「人からお金をもらえば、言いたいことも言えなくなる」と説明していたが、本当の理由は徹底した政治不信にあった。在任中、ある宗教新聞のインタビューではっきり述べている。「今の政治家の生き方をみていると、この人たちに靖国神社を任せるというか、管理させるわけにはいきません。内閣が変われば、神社の性格がどう変わるかわからない。国家から下手に金をもらうと宗教は死んでしまうよ」（七八年九月七日付『中外日報』）

就任して真っ先にA級戦犯合祀を決行したのも、政治家は世論におもねって筋の通らないこともするから、国には期待しないという意思表明でもあった。

八五年八月十五日、当時の中曽根康弘首相が宗教色を薄めて公式参拝した時のエピソードは、政治家嫌いの真骨頂と言える。中曽根首相は、①手水《ちょうず》は使わない、②お祓《はら》いは受けない、③神道式の二礼二拍手はやらない——という参拝形式の三条件を満たせば、憲法の政教分離に反しないという藤波孝生《たかお》官房長官の私的諮問機関がまとめた結論に沿って参拝したが、これに対し松平宮司は「『越中褌《えっちゅうふんどし》姿で参拝させろ』というのと同じで、神様に対し非礼きわまりない」と激しく憤《いきどお》ったのだ。

「宮司が首相の公式参拝に反対している」という事態に、関係者は慌てた。中曽根参拝に先立つ同十二日、松平宮司は東京・飯田橋《いいだばし》のホテルグランドパレスに呼び出され、首相の公式参拝を求めている日本遺族会や英霊にこたえる会の幹部八人に取り囲まれた。「宮司の言われる祭式も大事だが、憲法との間で四苦八苦している。八月十五日を目指してとことんやってきた。神社としても是非考えてもらいたい」（伊藤大孝・遺族会副会長）。「政府がここまでやろうとしている時に、ご祭神は形式は望んでおられないと思う」（中井澄子・同副会長）。

有力支援者たちから中曽根方式の公式参拝を受け入れるよう口々に説得されたが、松平宮司は「これは一靖国の問題ではなく、日本古来の根本が覆る。敬虔《けいけん》な祈りをひっくり返してしまう。政治のために覆されるのはご免である」と譲らない。結局この日は突っ張り通し、翌十三日「宮司の全責任のもとにお引き受けする」と遺族会に回答した。

といって、簡単に折れる松平宮司ではない。同十四日、「宮司も了解した」という遺族会からの連絡を受けて安心し、参拝の打ち合わせのため靖国神社を訪れた藤波官房長官に、松平宮司はきっぱり言い渡した。「よその神社でも、中曽根方式なら憲法に抵触しないということで、同じようにお祓いも受けないようになったら、神社参拝の本質が崩れてしまう。今回こちらはやむなく目立たないように陰祓いをします。そっちはあくまでも祓いを受けなかったということでも結構です。けれども私は（首相が参拝しても）あいさつに出ません」。極秘参拝したとされる宮沢喜一首相と、拝殿参拝した〇五年の小泉純一郎首相を除けば、後にも先にも首相参拝を宮司が出迎えなかったのは、この時だけだ。「いずれ国にお返しする」（南部利昭元宮司）のが本来の立場とされる靖国神社の宮司として、松平宮司は明らかに異彩を放っていた。

筋を通すのだが、組織の統率に必要な根回しも駆け引きもなく、すべてに猪突猛進《ちょとつもうしん》だった。「頑固で直情的な性格」（平泉門下生の田中卓《たかし》・皇學館大元学長）で直言するため、宮中にも疎《うと》んじられた。台風のため皇族が秋季例大祭に参列しなかった時も、松平宮司は宮内庁に電話し「職員がお祀りしているのに、この程度の嵐でおやめになるなんて何事ですか」と叱り付けていたのを、馬場久夫元広報課長が聞いている。

宮中職員たちとの関係は、総じてよくなかった。君側《くんそく》の奸《かん》が忠義の諫言《かんげん》を遠ざけていると思っていたのだろうか。A級戦犯合祀に昭和天皇が不快感を示したとされるメモを残した富田朝彦《ともひこ》元宮内庁長官が在任したのは七八～八八年。松平宮司時代とほとんど重なる。

退職後に保守系雑誌『祖國と青年』で、「今宮中の側近は侍従から宮内庁管理職までほとんど出向官僚。二年間の間、事なかれ主義でご奉仕して、箔付けをして帰っていく。私の父みたいに、殿下方に御進言申し上げるようなことをしない」と嘆いていた。宮中との衝突も恐れない姿を、元福井市立郷土歴史博物館学芸員の伴五十嗣郎《ばんいそしろう》・皇學館大前学長は「尽忠憂国、すべての行動の判断基準を皇室と国家の護持といふ点に於かれた。御志操あまりに純粋一途にして、他からご真意を理解されぬ事も多かったと思う」（『日本』〇五年九月号）と案じている。

人事一新、教育改革、財政改革、祭神改革。恐らくは意識してのことだろう、松平「靖国改革」のメニューは、いずれも第一章で紹介した春嶽《しゅんがく》の幕末の藩政改革をなぞっている。軍人時代は名を残せなかったが、「靖国改革」で尊敬する祖父に肩を並べたいと奮起したのに違いない。その意味では、A級戦犯合祀も「改革」の一環だった。

ただし、「改革」は皮肉にも、松平宮司が最も嫌うものを招き寄せる結果を生んだ。A級戦犯合祀、遊就館再開で神社の歴史認識が問われるようになって、政治からの干渉が激しくなっていったからだ。

就任直後のA級戦犯合祀を皮切りに、息つく間もなく次々と「改革」を断行していった意図はどこにあったのだろうか。その一端が就任の翌年、「靖国改革」に着手してまだ半年の時点で、松平宮司自身が語った神社での年頭のあいさつに垣間《かいま》見える。

「政治面、教育面、司法面、マスコミ面等に於ける混迷、偏向は一向に改められず、これが為、一国存続の根幹として尊ぶべき道義道徳面の低下は目を覆はしめるばかりで、……我が伝統国家、伝統民族の平和と繁栄を最後の瞬間まで念じつつ貴い生命を捧げられた英霊の御心に対し、何とも申し訳なく、堪え難い思ひが致す。……次の世代に神社の由来を認識せしめることに努力を傾けつつ、神社百年の計を具体化する為に心血を注ぐ決意であります」（社報『靖国』七九年一月号）

戦後民主主義によって日本は退廃させられたと信じて深く憂い、「国家の精神」を立て直すため、まず日本精神の原点である靖国神社の在《あ》り方から立て直す——。「松平改革」とは、戦後民主主義に順応した「筑波平和路線」(第二部で詳述)を脱し、戦後の神社の性格を大きく転換させる「靖国構造改革」だったのだ。

「改革」に込めた壮大な意図を、時には言わずにおれなかったものと見える。思想傾向の近しい仲間内では、得々として成果を披瀝《ひれき》することがあった。この頃たびたび出席していた戦後教育を批判する同志の集まりがそれだ。「生涯のうちで意義のあることをしたと私の自負することができるのは、いわゆるA級戦犯を合祀したことである」という本音を吐露したのも、八五年一月十八日のこの会合だった。

平泉澄《きよし》氏の門下生で、文部省の教科書検定や学習指導要領を担当した村尾次郎氏らもメンバーだった。一九八〇年代に始まった歴史教科書問題は、その後「日本会議」など靖国神社を支える保守系団体と連携し、九〇年代後半以降の「新しい歴史教科書」をつくる運動へと発展していく。

「靖国改革」と「国家精神の再興」を結びつける独特の発想に、祖父と父の歩みが影を落としていたことは、第一章で跡づけた通りだ。松平宮司にとって自らの「靖国改革」は、祖父春嶽の精神、すなわち峻厳《しゅんげん》な尊皇思想と、いにしえの聖人が行った「道」、つまり国を敬う道徳心と道義にかなった政治を、実践に移すことを意味していた。敗戦後のGHQ

占領政策、またそれを支持していると思いこんでいた革新勢力と戦う自分の姿を、開国を迫る欧米列強の外圧とせめぎ合った偉大な祖父の姿と重ね合わせていたのかもしれない。その春嶽像は多分に一面的だったが、松平宮司は直系の血筋ゆえの思い入れにとらわれていた。

一方、松平宮司にとって、父慶民《よしたみ》氏が宮内相としてGHQ改革をおめおめと受け入れ、みすみす日本の伝統を失ったことは、「道」に外れた堪えがたい過去だったのだろう。父の過ちが「日本の精神」を荒廃させていると信じ込み、親の「汚名」をすすぐのは子の自分しかいないという悲壮感を抱いて、理想と鬱屈《うつくつ》のあらん限りを「靖国改革」に注ぎ込んだ。その正当性は、郷土の師である平泉澄氏の教えに権威付けられて、より一層確信の度を深めた。個人的な「血」と「地」の宿縁が、「これこそが社会と歴史を正す思想」であると思い込ませる源泉となった。

忘れられた天皇不在

一九七五（昭和五十）年十一月以来、途絶えた天皇参拝。富田朝彦《ともひこ》・元宮内庁長官のメモや徳川義寛《よしひろ》元侍従長の口述『侍従長の遺言』などからは、A級戦犯合祀《ごうし》が理由と読み取れる。一方、靖国擁護派は、三木武夫首相参拝の公私問題が政治問題化したためと論陣を張っている。

「明治天皇の宣らせ給うた『安国』の聖旨に基づき」（靖国神社規則）創設された神社ゆえに、天皇参拝は最も重要な行事だ。ところが松平永芳《ながよし》元宮司は政治問題に巻き込まれるのを避けることを理由に、「私の在任中は天皇陛下の御親拝は強いてお願いしないと決めました」（『祖國と青年』九三年一月号）と述べた。天皇参拝にこだわらない代わり、別の若い皇族の参拝や勅使《ちょくし》の派遣を求めた。

靖国神社参拝にこだわり続けた小泉純一郎首相（当時）も、天皇不在の靖国神社を気にとめることはなかった。

小泉氏が首相として初めて臨んだ参院選で大勝した〇一年七月二十九日。投票締め切り三時間前の夕刻、田中真紀子外相（同）は一人で首相公邸を訪れた。素足に黒い鼻緒の雪駄《た》を履《は》いて迎えた小泉氏は、田中氏に「そんなだらしない格好したら小泉草履《ぞうり》と言われるわよ」と注意されると靴下とスリッパに履き直した。

「（日本）遺族会に公約したから靖国に参拝するんですか。国益を損なうので考え直して下さい」

五日前に唐家璇《とうかせん》中国外相（当時）と会談した田中氏の説得に、ソファで足を組んだ小泉氏はニヤリと笑って意外な返事をした。

「公約だから行くんじゃない。公人だから行くんだ。おれは人に指図は受けない」

田中氏は首相の重みを説得したのだが、あとは「田中さんのおかげで総理になれたのは分かっている」と笑うだけだったという。

二週間後の八月十三日に参拝した小泉氏は、公私の別について記者団に「私はこだわらない。首相である小泉純一郎が参拝した」と答え、師と仰ぐ福田赳夫元首相が始めた答え方をなぞった。

戦後初めて八月十五日に参拝した三木元首相は「私人」と釈明し、公・私人問題が始まった。後任の福田元首相は「八・一五参拝」に先立ち、同じ質問に「どちらでもよい。総理が行くのだ」と返答。玉ぐし料は公費から出さない、公職の肩書を記帳しないなど、三木氏が示した「私的参拝四原則」のうち三つを覆し、政府見解で憲法の制約をぼかした。私人形式に公人のニュアンスを最大限にじませた実質的な公式参拝で、小泉氏はそれを意識していた。

首相の公式参拝を求める「英霊にこたえる会」や遺族会など「推進派」の人たちは、〇一年の小泉参拝を「十六年ぶりの公式参拝」と絶賛した。だがその後、小泉氏はぶれ続ける。モーニング（〇一～〇三年）→羽織はかま（〇四年）→グレーのスーツ（〇五年）と服装を替え、〇五年には昇殿参拝せず、拝殿からポケットのおさい銭を投げ入れて「一国民」を演出するに至った。

参拝を説明する首相のコメントも、〇一年は閣議決定した「首相談話」、〇二年は首相秘書官室が作成した「靖国神社参拝に関する所感」、〇三年以降はぶら下がりのインタビューのみと変化した。小泉氏の首相秘書官だった小野次郎衆院議員（現参院議員）は「『心の問題』と小泉首相が説明するので、内部で検討して段々とプライベートなものに落としていった」と解説する。

五年間の目まぐるしい変化に、公式参拝を求めていた推進派からは、不思議なほど批判の声は出ない。首相の「八・一五参拝」を求める「英霊にこたえる会」の〇六年リーフレットからは「公式」の二文字が消えた。求める側の彼らもまた、ぶれを余儀なくされてきた。

「英霊にこたえる会」元事務局長の森田次夫・日本遺族会前副会長には苦い思い出がある。八〇年代前半、総会で「なぜ執行部は天皇参拝を求めないのか」という声が相次ぎ、宮中に天皇参拝を「直訴」したのだ。昭和天皇の靖国参拝は七五年を最後に途絶えていた。節目節目の神社の記念行事には欠かさずあった行幸も、七九年秋の創立百十周年記念祭にはなく、「なぜ」という不安や不満が広がっていた。

会員に突き上げられた森田氏ら幹部三人は終戦記念日の前日、宮内庁を訪れたが「首相も静かに行けないような所へ陛下がお参りされるはずがない」と一蹴《いっしゅう》された。恐れていた通りの結果だった。

天皇参拝の「地ならし」と位置づけていたはずの首相参拝は、いつしか靖国派にとって最大の目標と化していく。転機の一つは、八五年の中曽根康弘首相の公式参拝とその挫折だ。「英霊にこたえる会」の「公式参拝」目標にも首相や閣僚と明記されるようになり、「戦後の日本で〝統帥権〟を持つのは天皇陛下ではなく首相だ」（同会幹部）として、「国家による慰霊は首相で事足りる」とする声さえ聞かれるようになった。

靖国神社も、四十年に及ぶ天皇参拝の空白に慣れてしまったフシがある。靖国神社にとって天皇は特別な存在だ。何より「天皇陛下のため」といって死んだ人たちを祭っていることが、靖国神社と天皇の結びつきを特別なものにしてきた。

いま天皇との間をつなぐのは、春秋の例大祭に遣わされる勅使《ちょくし》だ。昭和天皇がA級戦犯合祀に不快感を示した側近メモの発見後、神社は勅使の存在をこれまで以上に強調するが、宮中関係者からは「騒ぎすぎて勅使まで行けなくなったらどうするのか」との声も漏れる。

富田メモの発見に、小泉首相は「人の思いはそれぞれ。（天皇は）参拝されてもいいし、しなくてもいい。自由ですから」とコメントした。騒々しい首相参拝の陰で忘れられていた天皇不在の重みが今、参拝推進派の人々にのしかかる。

遊就館バブル

靖国神社境内にある歴史博物館「遊就館《ゆうしゅうかん》」に二〇〇六年春以降、米要人からストレートな批判が続いた。

シーファー駐日米大使（当時）は七月十二日、TBSテレビのインタビューに応じ、「遊就館の歴史観には困惑している。小泉純一郎首相は遊就館ではなく、靖国神社を訪れているのだと何度も強調するが、私は遊就館の歴史観に納得しないし、間違っていると思う」と述べた。

同二十日には、アーミテージ元米国務副長官が『産経新聞』紙上で「首相の参拝に問題がなくても、境内にある遊就館の一部展示の説明文は、米国人や中国人の感情を傷つける。日本の一般の歴史認識にも反する」と指摘した。

遊就館のパネルに記された歴史観は、日米開戦は資源禁輸で日本を追いつめた米国による強要であり、日本は「自存自衛」と「白人優越世界打破」のために立ち上がったという内容だ。太平洋戦争で敵国だったアメリカの歴史観と真っ向から衝突する。

さらに安倍晋三官房長官（当時）のブレーンで首相参拝支持の代表的論客だった岡崎久彦・元駐タイ大使が、八月二十四日付『産経新聞』に「遊就館から未熟な反米史観を廃せ」と寄稿。南部利昭宮司ら靖国神社幹部は即日、岡崎氏を招いて意見を聞き、展示の修正作業を急いだ。

元防衛研究所戦史部主任研究官の永江太郎氏はすぐに対応した。〇二年に同館がリニューアルオープンした際、大幅に増えた説明パネルに、明治から戦時中までの歴史を記述した監修責任者だからだ。防衛研究所の現職時代、先輩に当たる松平永芳《ながよし》元宮司にしばしば助言を求めて尊敬する間柄だった。

知人の神社職員から「自分たちでは書けないから」と頼まれた。事務局長を務める学術団体「軍事史学会」（会員約千人）の会員約十人で執筆を分担。英文翻訳の出版社も永江氏が手配し、それぞれ約三ヵ月の突貫作業だったという。

「すべて米国や中国などの公刊戦史に基づいている」という自信はあったが、「日米関係にひびを入れたくない。重要人物たちの発言だし、誤解から二国間関係に発展することはありうる。放っておけない」と考えた。

産経記事が出た三日後には同館の担当者に面会し、一部の説明に出典を書き加える対策を持ち掛けた。靖国神社は毎日新聞の問い合わせに「補強できる点があれば補強することにしている」と答え、準備を認めた。

約四十九億円で同館を改装・増築した湯澤貞《ただし》元宮司も〇六年八月七日、テレビ番組で「行き過ぎとの指摘もあり、展示を変えることはあり得る」と述べた。中国、韓国のA級戦犯合祀《ごうし》・首相参拝批判に対する強気と比べ、米国発の批判には反応が敏感だ。

十月五日の総代会では、年内をめどに展示の修正を進めていることが報告された。変更するのは、大戦時の世界情勢に関する「ルーズベルト（米大統領）の大戦略／（不況下の）ルーズベルトに残された道は資源に乏しい日本を禁輸で追い詰めて開戦を強要することだった。（日本の）参戦によって米経済は完全に復興した」との記述。タイトルを「ルーズベルトとアメリカの大戦参加」と改め、「開戦の強要」「米経済の復興」の表現を削るほか、日本を侵略的と非難したルーズベルト演説を新たに盛り込むなど、米側に配慮した。

総代からの「中国関係の記述も見直しを検討するのか」という質問に、神社側は「今のところ具体的な指摘がない」と回答。実際は〇五年十一月、劉建超・中国外務省副報道局長（当時）が「軍国主義を美化する靖国史観の中心施設」と批判し、〇六年四月にはイブサン・駐日インドネシア大使が離任会見で「インドネシア独立を日本のおかげと信じている人がいるが、大間違いだ。日本が降伏して独立した」と述べていた。同館のパネルには、第二次大戦を「不可避の戦いだった。アジアの独立に寄与した」と記されている。

ところが二〇〇七年一月一日、記述変更が公表されると、米国関係部分だけでなく中国関係部分も変更されていた。例えば「支那事変」のパネルは、日中関係悪化の原因を中国共産党のテロとしていたところを、変更後は「現地日本軍の北支工作とコミンテルン指導下の中国共産党による抗日テロの激化」と日中双方の原因を併記した。また盧溝橋《ろこうきょう》であった中国側の小さな銃撃事件が全面戦争に拡大した背景を、「日中和平を拒否する中国側の意志があった」から「中国側の反戦機運があった」と弱めた。永江氏は「誤解を与える部分があったのでソフトな表現に変えた」と説明し、あくまで日本の立場を主張する展示内容を変えていないと強調した。

一方、岡崎氏は同年二月七日付『産経新聞』への寄稿で、「今回の新しい展示の内容について、私は全責任をとる覚悟がある。すべての修正や追加を私が提案したものでなくても、少なくとも私が了承したものである」と修正作業の中心だったことを明かした。その上で、中国関連部分の修正について、「(日中戦争の原因が) 中国側の挑発であることは歴史的事実であり、この点を譲歩する気は全くない。……しかし、中国側がそこまで挑発した原因としては、そこに至る日本軍の行動がある。……日本側による長城以南の北支工作こそ戦争の原因といえる。……北支工作については、出先の軍の独走であり、これが日本の国を誤った最大の原因であることは疑いない」と説明した。

同館は明治の初め、兵器陳列の軍事博物館として創設された。戦後は、A級戦犯を合祀した松平氏が、神社の収入源にするため再開した。二代後の湯澤元宮司が改装・増築を計画したのは「若者や外国人も呼べる魅力ある展示にしたい」という経営戦略の一環だった。神社のプランに「近代的できらびやかすぎる」と猛反対した総代たちも、最後は折れた。

館内では「英霊たちへの感謝と祈り」をテーマにした映画が上映され、旧日本軍に誤りはなかったという歴史観が強調される。製作・監修の中心は、保守系運動団体「日本会議」。会長の三好達《とおる》・元最高裁長官ら幹部数人が神社総代を兼ねる。展示内容は「東京裁判を否定する松平元宮司の思想を継承した」(元神社幹部)。狙いは当たり、海外からの反発をよそに入館者はほぼ毎年数万人ずつ増え続け、〇五年は三十六万人の過去最高を記録した。出口付近にある書籍コーナーには、第二次世界大戦の戦記、靖国神社擁護の保守系論者の著作に並び、第一次安倍政権が発足した〇六年にベストセラーになった安倍晋三首相の著書『美しい国へ』（文春新書）が山積みにされた。

　神社の参拝者は〇二年に六百万人、〇三年以降は五百万人と横ばいだが、近年にぎわっている印象があるのは「遊就館効果」といえる。余勢を駆った日本会議などの動員で、〇五年の終戦記念日の参拝者は、前年の三倍以上の二十万五千人に膨らみ、〇六年は二十五万八千人。国内外のメディアが大きく報じた。

　遊就館に集まった学生たちの「友の会」有志は〇六年二月、靖国神社の支援組織、崇敬奉賛会の青年部「あさなぎ」を設立した。当時の平均年齢三十歳。会員は約三百人。代表者の男子大学生（二十二歳）は〇一年に小泉首相が参拝した二日後「テレビや新聞で騒がれていたので神社に来てみたら、素晴らしかった」のが入会のきっかけだったという。父方の親族に戦没者がいるが、「日本人という家族だから、靖国神社に祀られている御祭神を大切にしたい」という思いが強い。戦没者の遺族や戦友が身近な人に会いに来る神社として以上に、「国」を意識するという。

　「心の問題」で続いた首相参拝と、次世代経営対策の遊就館改装。どちらも動機は単純で、時期が重なったのも偶然だが、結果的に互いが共鳴板のように内外のトラブル周波を増幅し合った。遊就館への反発は、第二次大戦の旧植民地国や連合国全体に広がり、靖国問題を国際化した。国内では、首相の参拝が遊就館に負けない強力な媒体となり、若者たちを引きつけている。

劣等感と改革の理想

A級戦犯合祀《ごうし》、遊就館《ゆうしゅうかん》再開と靖国神社の改革は着々と進んだ。永芳《ながよし》氏が理想とする姿に近づいたはずだったが、憂国の思いは深まるばかりだった。

「思想・経済の対立摩擦、教育・道義の軽視荒廃は一向に改められず、益々深刻混迷の度合いを増すばかり」（社報『靖国』八六年一月号）

一九八五年八月十五日には中曽根康弘首相（当時）が初めて公式参拝。靖国神社に社会の注目が集まったが、A級戦犯合祀が問題にされ賛否が渦巻く対立状況は変わらない。

「現在のわが国頽廃《たいはい》の原因は、今を去る四十年前、連合国軍側が神道指令、教育改革、押しつけ憲法等の思考を銃剣もて強要した日本弱体化政策にその端を発し、……この風潮を正すことこそが、今日の祖国正常化、救済の大使命と自覚」（社報『靖国』同）するとの思いを深めていった。

父慶民《よしたみ》元宮内相が苦悩して昭和天皇を支えた戦後が出発した時代は、永芳氏にとっては日本のあるべき姿を失う出発点で、「道義」に反する時代と映った。社報八七年一月号では自民党に自主憲法制定を進めるよう訴えるが、後に九三年七月の総選挙で自民党は結党三十八年目で初めて下野。永芳氏が望む憲法改正の道は遠のいていった。

改革に燃えた原動力は、偉大な祖父を持つための劣等感にあったのではないか。

前任者の筑波藤麿《ふじまろ》元宮司の側近だった馬場久夫元広報課長には「とにかく激しい人で、コンプレックスの固まりみたいなところがあった」と映ったという。軍人出身のため神社を訪れる者の中には当然、同期生や部下、上司が多くいた。海軍機関学校卒で自称「エンジニア」。受験に失敗した海軍兵学校の卒業生が例大祭などに来ると、「本科のやつら」と呼んでいたという。

皇族から慕われた父に比べ、宮中に直言しても聞き入れられないことも多かった。天皇の参拝がなくなってしまい、「学習院ごときが」「侍従職の腰抜けども」と部課長会議で側近批判を漏らしたこともあったという。当時の入江相政《すけまさ》侍従長、徳川義寛《よしひろ》侍従次長とも学習院を出て後、東京帝国大学に進学している。

永芳氏は学習院でなくフランス人経営の暁星小中学校に通った。その理由について「(永芳氏が)はずかしがりやだったというので、……私の父は学習院を嫌って」(『日本』〇六年一月号)「学習院ですと、お若い殿下方や華族の娘に対し、教育者として言うべきことをピシピシ言っているのかどうか。……外国人の経営する学校は、躾《しつけ》や人間教育もしてくれるだろう」(『諸君!』九二年十二月号)と述べている。だが永芳氏は長男を小学から大学まで学習院に通わせ、父慶民氏の教育方針と一貫していない。学習院に通わなかったこともコンプレックスの一つだったのだろうか。

前述したように、裏方に徹した海軍、陸上自衛隊の「軍人」生活では名を上げられなかった。靖国神社宮司となって、尊敬する祖父春嶽と肩を並べられると意気込んだのか。求道者のように自らを律して教育、道徳を説き、「戦後民主主義の虚妄」との対決を強めていった。

自らを律したエピソードには事欠かない。生前の永芳氏を知る人は口をそろえて「清廉潔白でまっすぐな人」と評する。B級戦犯で処刑された義父醍醐《だいご》忠重中将が祭られているため、妻の充子《みつこ》氏が参拝して遊就館を見学することがよくあったが、妻に対し「私が宮司ということと関係ない」と言い、入場料を払わせた。福井県の戦友会が永芳氏に色紙や掛け軸に揮毫《きごう》してもらった際にも、「戦友からはもらえない」と謝礼を断った。「気持ちだから受け取ってほしい」としつこく迫ると、庶務の職員を呼んで謝礼金をその場で靖国神社に寄付した。また宮司退任後、福井市から市制百十周年に名誉市民の表彰を打診されたが、これも断った。当時の酒井哲夫市長が市長応接室で約二時間、差しで向き合い説得したが、「私は日本が負けた八月十五日に一度死んだ人間です。同僚、部下が死んだのを見て、勲章は受けないことにしました」と譲らなかった。

自分にだけでなく職員にも厳しかった。牧歌的だった筑波宮司時代は、夕方になると神職たちが和気あいあいと酒盛りを始めた。永芳氏はこれを禁じ、宿直中に飲酒した職員をリストラするほどだった。「私は体質的にアルコールと紫煙が受け容《い》れられない質」と言って、宴会でもビールをコップ一杯程しか飲まなかったという。

「国」へ献身し「私」を拒絶する姿は、祖父春嶽も求めた理想的な「道義」を体現していた。福井県出身の元陸上自衛官で永芳氏と親交のあった斉藤敏胤氏は、「常識はずれの高潔さ」と表現し敬った。熱烈な信奉者がいる一方で、戦後民主主義と経済発展を謳歌《おうか》した日本との溝を深めていった。

遺族の高齢化もあり、靖国神社を取り巻く状況は一段と厳しくなっていた。後任宮司の受け手が見つからず、自らが定めた定年退職規定を三年半も過ぎ批判が出ていた。

旧皇族らの名前も候補に挙がったというが、「遺族が減っていく中で松平氏のように神社を維持することは出来ない」と断られた。強烈な個性で経営の立て直しに尽くしたゆえに、後任が躊躇《ちゅうちょ》してしまったのだ。

ようやく後任に大野俊康・熊本県本渡《ほんど》諏訪《すわ》神社宮司が決まり、宮司推薦委員会で了承されたのが九二年二月三日。平泉門下生で靖国神社に教え子を送る田中卓《たかし》・皇學館大学元学長は「それほど格が高くない神社の宮司を後任に選んだので神社界を驚かせたが、誰も受け手がいないのが実情だった」と解説する。

大野氏は神職出身の初めての宮司。永芳氏が意図していたかは分からないが、結果的に靖国神社の宗教性を強め、「いずれ国家にお返しする」（南部利昭元宮司）という神社本来の方針は遠くなった。神道研究者は「神職が宮司となったことで、神社本庁の論理がストレートに注ぎ込まれるようになった」と解説する。国からの自立を志向する松平改革は後戻りすることはなかった。

退任を間近に控えた九二年二月の社報に、「謹慎謙虚　今日の我が國に失われた心」と題する永芳氏の最後の随想が掲載された。旧仮名遣いで見開き二ページにぎっしり書き込み、収まりきらず次のページにはみ出した。靖国神社への遺言といえる内容だ。

「幕末から維新の一大改革を經《へ》て、光輝ある明治の御世も終末を迎え、やがて大正デモクラシー時代に入るや、急速に先哲の學統、勝れた父祖の傳承し來たつた家訓、經世の教訓等が忘れ去られ、國内には名分を正す氣風も薄れ、昭和時代に入るや、幕僚統帥と言ふ言辞が縷々《るる》口の端にのぼる程、下克上の惡弊が横行し、國家に大害を齎らし、更に敗戰に因る占領政策の結果は無慚極《むざんきわま》り無く名分を正すとか謹慎謙虚と言ふ言葉も文字も、我が國各界各層の人々から葬り去られるに至り……」

幕末維新が理想の世とされ、大正、昭和と時代が下るにつれて日本人が道義を失ったと嘆いた。天皇が政治の中心にいた大化《たいか》の改新、建武《けんむ》の新政、明治維新以外はすべて闇《やみ》の時代とした平泉史学を、現在に再現したようだ。そして失った道義を取り戻すために「謹慎謙虚」が求められるとして、春嶽が岩倉具視《ともみ》の「謹慎謙虚」ぶりをたたえた覚書などを紹介し、次のように続けた。

「謹慎謙虚の態度とは、……即ち地位權勢を得ても、又、嘖々たる名聲を博しても、聊かも驕り高ぶることなく、益々愼み深く振る舞ふその態度を指して居るのである。……この謹愼謙虚の心を取り戻した時こそ、我が國は再び優雅な、おほらかな國として世界の尊敬をかちとることが出來、物心兩面に亘って眞の道義國家としての再建を成し遂げることが出來たと言へやう」

祖父春嶽が「いにしえ」の理想の世を追い求めて努力した姿と重なるが、永芳氏が夢見た道義国家はどこにもなかった。祖父を追い求めた永芳氏は「名宮司」と称されるのだろうか。

宮司退任後、再び故郷の福井市立郷土歴史博物館長に就任した。グレーの作業服を着て、自らゴミ拾いの清掃もやり、年配の見学者から一般職員と間違えられた。その姿は地味に過ごした宮司就任前と変わらなかった。一日中書庫に閉じこもり、一人で黙々と資料整理する日が多かった。職員の一人は「礼儀作法は自分にも他人にも厳しかった。清濁併せ持つでなく、濁がなく純粋な人だった」と話す。

永芳氏の純粋さを表すエピソードがある。地元の神社を巡った時、「神社の仕事一本でしっかりやりなさい」とよく励ましていた。古来、地域社会に根ざした小さな神社では、多くの神職は兼業だった。明治以降に設立された官幣社《かんぺいしゃ》で、国家神道の中心だった靖国神社とは事情が異なる。しかし旧藩主を今でも慕う地元の神職らは「はい、そうですねえ」と笑って聞き流し、永芳氏が帰った後で「やっぱり殿様だねえ」と世間知らずを笑いあっていたという。

そんな永芳氏は、改革された靖国神社がさらなる喧騒《けんそう》の場になるとは夢にも思わなかっただろう。A級戦犯合祀で思想的、政治的な対立を内部に抱え込んだため、政治からの独立を目指した永芳氏の思いとは逆に、政治からの干渉が一層強くなった。それに拍車を掛けたのが、五年間にわたる小泉純一郎首相の参拝騒動だった。

冷戦終結とともに、永芳氏が「仮想敵」と定めた革新勢力は衰退の一途をたどった。しかし冷戦構造の崩壊と共に保革対立が下火になった今でも、A級戦犯合祀問題の火種はくすぶり続けている。

第二部

A級戦犯を合祀しなかった宮司

第四章　白い共産主義者

知られざる平和主義の三十二年間

　靖国神社には国家神道の戦前・戦中から今日まで、途中、民間の宗教法人になりはしたものの、一貫して軍国主義的性格を変えずに突っ走ってきたようなイメージがある。特に軍人気質のまま宮司になったような松平永芳《ながよし》氏の登場は、その印象を決定づけた。A級戦犯合祀《ごうし》によって、いったん法的、政治的に断罪された軍国主義指導者たちの名誉回復を図り、戦後日本社会が決別したはずの皇国史観を再興普及する拠点施設としての役割をあらわにしたからだ。

　しかし、実際の靖国戦後史は、そう平坦《へいたん》なものではない。むしろ戦後七十年間の前半、元皇族の筑波藤麿《つくばふじまろ》宮司が在任していた三十二年間は、靖国神社といえども日本社会に定着しつつあった民主主義の息吹と無縁ではなかった。筑波宮司は、毀誉褒貶《きよほうへん》が激しく敵の多かった松平氏と対照的に、およそ敵というものを作らない穏やかな人柄で、神社の気風もそれにならったかのようにおおらかだった。宗教としても、厳しく純化路線を追求する松平時代に比べれば、混沌とした多様性を受け入れる幅の広さを持っていた。しかし、それも今ではほとんど忘れられ、今日の靖国神社からは想像しにくい。

靖国の戦後七十年間を、松平宮司以降、今日までの戦前復古主義路線と二分するほどの期間を占めた筑波宮司の戦後平和主義路線とは、どのような靖国神社だったのか。知られざるもう一つの靖国戦後史をたどると、松平宮司が登場しなかったなら、現在の姿とはまったく別の靖国になっていたのではないかという可能性さえ想像されてくる。

第五代宮司、筑波藤麿氏は旧皇族で山階宮《やましなのみや》家出身の侯爵だった。靖国神社の宮司は、別格官幣社《かんぺいしゃ》になった一八七九（明治十二）年の初代青山清宮司から現在の徳川康久宮司まで十一人を数えるが、皇族出身は筑波氏一人である。だが、筑波宮司が他の十人と決定的に異質だったのは、その出自ではない。

「自分は白い共産主義者なんだ」。筑波宮司は生前、気を許したごく親しい人たちに、自らをこう称していた。表立って鮮明にはしないが、本音では考え方に「左翼」的傾向があることを自認していたのである。

戦前の靖国神社は、護国神社や海外の新興神社などを従え国家神道の頂点に位置していた。宮司は神職や軍人で占められ、前任の鈴木孝雄宮司は元陸軍大将、後任の松平永芳宮司は元海軍少佐だった。皇国史観やナショナリズムを重視する立場は、歴代の宮司に共通している。左翼のサの字さえ出るはずもない。

筑波氏の「左翼」的傾向も、思想的なものというよりは、多分に心情的なものだったようだ。「自分は赤色までは行かないけど桃色だ」と笑いながら話すこともあった。側近で元広報課長の馬場久夫氏は、筑波宮司から東京帝国大学での進学先について「経済学部だとアカになってしまうから、文学部に進んだ」という軽口を聞いたことがあるという。皇族出身でもあり、イデオロギーとしての左翼思想には意識して距離を置いていたと考えられる。

「白」という色のたとえからも、そうしたニュアンスはうかがえる。白は、神職の白い衣や靖国神社が「神社の平和のシンボル」にしている白鳩を連想させるからだ。靖国神社と共産主義という本来対立する概念を組み合わせたところに、筑波宮司のウィットが込められていると解するべきだろう。この自称を耳にした人は、家族や親戚はもちろん、出張先で鉄道に同乗した神社の側近たちまで何人もいた。そこには「隠れ共産主義者」といった重苦しい後ろめたさや秘密めかした深刻さは感じられない。

証言をつき合わせると、筑波宮司にとって「共産主義」とは、戦後民主主義や平和主義をもっと徹底させた理想、という程度の意味だったようだ。赤旗を振るような思想は持ち合わせていないが、心情的に共産主義の中のある種の理想主義に親近感を抱いている、というくらいのニュアンスだったらしい。と同時に、冗談めかしたその表現には、自分は「白」(=靖国神社)と「共産主義」(=戦後民主主義、平和主義)のどちらか一方に偏ることなく、両方を統合した方向へ進みたいという密《ひそ》かな理想と自負ものぞいている。

筑波氏が一九六五年正月の社報『靖国』に発表した文章からは、そうした平和主義へのこだわりが伝わってくる。

「今年は終戦後二十年に当ります。……こうして毎年平和な新年を迎えられることは、本当に幸せであると思います。戦争は、お互に相手の挑戦によって、止むを得ず立ち上ったという説明がなされます。大東亜戦争の場合でも同様でありました。然し、如何なる理由にせよ話し合いで事を解決し、実力に訴える事は極力さけるべきであります。昨年、広島に平和の灯が点じられましたが、今尚被爆のために毎日を苦しんで居られる同胞のあることを考えて、再び争いを起さない社会に、この日本を守らなければなりません」

筑波宮司が靖国神社から世界平和を発信する施設として、境内に「鎮霊社《ちんれいしゃ》」を建設したのはこの年のこと。靖国神社国家護持法案が初めて国会に提出される四年前だ。

A級戦犯合祀を、頑として実行しようとしなかったのも筑波氏だった。A級戦犯十二人（後に二人を追加）の祭神名票《さいじんめいひょう》が厚生省援護局から靖国神社に送られてきたのは、筑波宮司時代の六六年。それから四年間、それは神社内で手続きに付されることなく放置された。崇敬者総代会《すうけいしゃそうだいかい》で総代たちが合祀を求めたのが七〇年のこと。それでも筑波宮司は総代たちに「将来的には合祀しますが、時期については宮司預かりとさせて下さい」と引き取って、扱いを宙吊りにした。

実際、BC級戦犯の場合は、五九年三月に厚生省から最初に祭神名票が送られてくると、時間をおかず同年の春季例大祭でただちに合祀して以降、毎年のように送られてきた先から合祀を重ねていた。A級戦犯の場合のような躊躇《ちゅうちょ》はみられない。A級戦犯だけは明らかに別格扱いだったのだ。

「白い共産主義者」という名の徹底した平和主義者であった筑波宮司が、A級戦犯合祀を見送った理由は推測がつく。判断の根っこに、戦争指導者を簡単に許すことはできないという素朴な正義感があったことは確かだろう。ただ、それだけが「宮司預かり」の理由と見るのは正確でない。そこには旧皇族ならではの昭和天皇に対するおもんぱかり、複雑な国民感情への目配りなど総合的な判断が働いていたようだ。

そのいきさつを、側近だった馬場氏が、合祀から二十八年たって初めて公に証言した。内容は二〇〇六年四月二十九・三十日付『毎日新聞』の一面と特集面に、「『天皇参拝』配慮、合祀避ける——靖国神社の故・筑波宮司」などの見出しで、スクープ記事として掲載された。

一九四八年、東条元首相らが処刑されてから数年後の五〇年か五一年のこと。馬場氏は宮司宿舎で筑波宮司にA級戦犯の合祀について「どうなさりますか」と尋ねたことがあった。筑波宮司は「うーん、これはねえ」と言ったきり長く黙って考えた後、「お祀《まつ》りはするよ。だけどね、時期がある。おそらく僕たちが生きている間は無理だろう。国民の中には『東条憎し』で凝《こ》り固まっている人が大分いる。……宮内庁の関係もあるしね」と話したのだという。

馬場氏は「生きている間は無理」という発言の真意について、「事実上、合祀はしない意向だったと思う」と解説した。また、「宮内庁の関係もある」という説明については、天皇参拝への影響を当時からすでに懸念していたのだとした。

「A級戦犯は戦争指導者だから僕は合祀しない」とスパッと切り捨てるのではなく、「生きている間は無理だろう」とあくまで遠回しに言い、自分でA級戦犯を断罪するのではなく「国民の中には『東条憎し』も大分いる」「宮内庁の関係もある」と困ったような表情をする。この慎重な物言いが、馬場証言にリアリティーを与えている。

筑波宮司からこのような内密な実情を打ち明けられたのは、馬場氏が「筑波宮司は元皇族で、武家の殿様と違って家来がいないので、内心では私が家来だと思って仕えていました」というほどの忠誠を尽くす存在だったからだ。馬場氏の父、精二氏が筑波侯爵付職員だった家扶《かふ》、小林亀吉氏の陸軍戸山学校時代の後輩だった縁で、筑波氏は戦時中、東京の空襲を避け、長野県高遠町《たかとおまち》（現・伊那《いな》市）の馬場家に疎開した。それがきっかけで馬場氏は筑波氏に仕えるようになった。馬場氏は戦後、東京に戻った筑波氏の書生を経て靖国神社神職になり、筑波宮司が逝去する一九七八年まで側近として信頼をかち得た。今でも筑波宮司を深く敬愛している。

天皇に対する筑波宮司の配慮は、天皇からも評価されていた。富田朝彦《ともひこ》元宮内庁長官が昭和天皇の発言を残した「富田メモ」では「筑波は慎重に対処してくれたと聞いたが／松平の子の今の宮司がどう考えたのか」と記されている。昭和天皇は筑波宮司が合祀を意図的に見送っていた事情を知っており、しかもそれは「自分の意向を分かってくれている」という信頼だったのである。

他にもこれを裏付ける話がある。中曽根政権で官房長官を務めた故後藤田正晴氏は生前、毎日新聞記者が「なぜ昭和天皇は靖国神社に参拝しなくなったのか」と質問したのに対し、A級戦犯合祀の影響を認めた上で、「(天皇から)宮内庁長官を通じて『山階(＝筑波宮司)ならああいうことをしなかった』という話があった」と明かしたことがあった。後藤田氏の官房長官時代は通算三期三年間(八二年十一月〜八三年十二月、八五年十二月〜八七年十一月)にわたり、「宮内庁長官」というのはこの間ずっと長官職にあった富田氏のことだ。二人は警察官僚の先輩後輩でもあった。

筑波宮司は「宮司預かり」のまま合祀が見送られていることを不満とする鈴木忠正禰宜ら一部の職員について、「彼らは非常に積極的で、僕が黙っているのでいろいろ言ってくるんだよ」と馬場氏にこぼし、実際に困りきった様子だったという。鈴木氏を「権《ごん》宮司にしてはいけない」と警戒していたのは既に書いた通りである。

こうしたいきさつがあったため、筑波宮司の死後、馬場氏は松平宮司によるA級戦犯合祀にひどく心を痛めてきたという。筑波宮司が生前、一種の使命感を抱きながら合祀を見送ってきたことを知っていればこその心痛だった。

歴史研究と軍人嫌い

筑波宮司は一九〇五年、皇族の山階宮家《やましなのみや》第二代、菊麿《きくまろ》王の第三王子として誕生した。跡取りである第一王子・武彦《たけひこ》王と第二王子・芳麿《よしまろ》王の母は、九条道孝《みちたか》公爵の二女・範子《のりこ》だったが、病死した。後添いとして鹿児島の島津家から常子《ひさこ》が嫁ぎ、その最初の子供が第三王子・藤麿《ふじまろ》王で、後の筑波宮司である。家にはその後、第四王子・萩麿《はぎまろ》王、第五王子・茂麿《しげまろ》王と続いた。常子は昭和天皇妃《ひ》である香淳《こうじゅん》皇后の伯母《おば》である。つまり、藤麿は香淳皇后の従弟に当たる。

藤麿王殿下は皇族の定番コースである学習院初等科、中等科、高等科に進んだが、他の皇族と違って軍人にはならなかった。病弱で大人しい性格だったためとされるが、それでも軍人にならなかったのは異例のことだ。当時の皇族男子は、原則的に全員軍人になると決められていた。一八七三年の徴兵令は「血税一揆《いっき》」が起きるなど国民の反発が強く、徴兵制の対象外だった皇族男子も、同年十二月、軍人になるよう達し（「皇族自今海陸軍ニ従事セシム」太政官達）が出されて以来の伝統だった。

藤麿王の兄弟も全員が陸海軍に入っている。武彦王は海軍航空隊に所属し、しばしば軍機に搭乗して「空の宮様」と言われた。芳麿王（臣籍降下後は山階芳麿侯爵）は陸軍砲兵将校。弟たちの萩麿王（後に鹿島《かしま》萩麿伯爵）は戦時中に海軍少尉で病死し、茂麿王（葛城《かつらぎ》茂麿伯爵）は陸軍中佐となった。

こうした中、藤麿王だけは一九二四年に学習院高等科を卒業すると、東京帝国大学文学部国史科に入学した。皇族が帝大文学部に進学したのは初めてのことだった。一年先輩で後に古代史の大家として知られた坂本太郎氏は、回想録で当時の様子を次のように振り返っている。

「（東京帝大文学部は）初めて皇族の学生を迎えてさぞ気を使ったことであろう。しかも大震災の翌年だから、急造のバラック校舎や、古ぼけた焼け残りの木造校舎などを使っての授業である。王のために特別の机と椅子とを持ちこんで、黒板に近い席の端の方に置いたが、これは余りよい場所とはいえなかった。ご本人もこうした特別待遇には当惑されたことと思う。王はどちらかといえば、控え目な内気の性質の方であった」

藤麿王殿下は大学に三年、大学院に五年在籍し、黒板勝美教授に師事した。研究テーマは黒板教授が講義していた奈良時代を中心とする古代史で、二九年十二月に「正倉院の価値」と題する論文を発表。古代史以外は民俗学にも関心を持っていた。二八年の『読売新

［山階家・筑波家略系図］

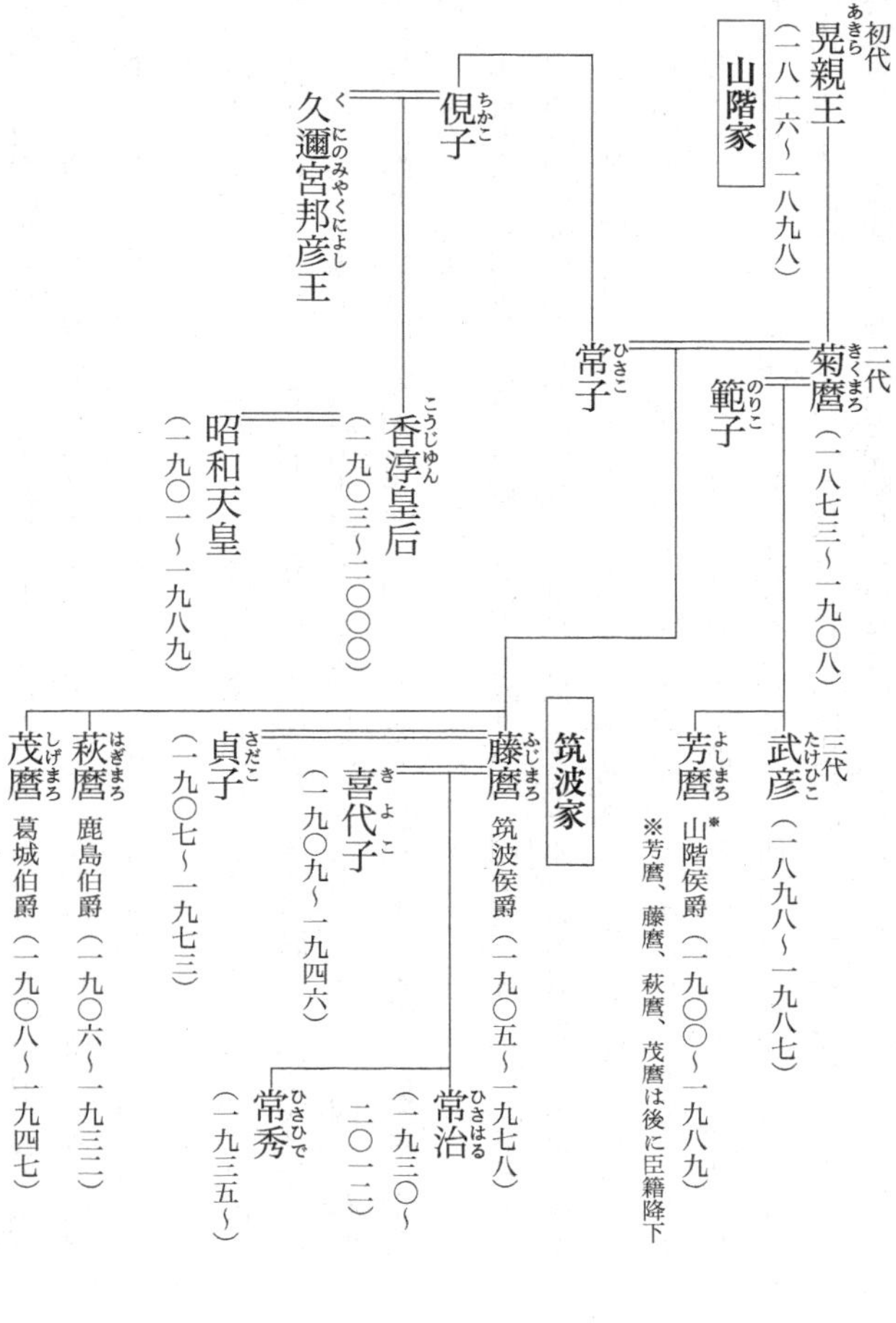
山階家
初代
晃親王《あきら》
（一八一六～一八九八）
俔子《ちかこ》
久邇宮邦彦王《くにのみやくによし》
二代
菊麿《きくまろ》
（一八七三～一九〇八）
範子《のりこ》
常子《ひさこ》
香淳皇后《こうじゅん》
（一九〇三～二〇〇〇）
昭和天皇
（一九〇一～一九八九）
三代
武彦《たけひこ》
（一八九八～一九八七）
芳麿《よしまろ》
山階侯爵※
（一九〇〇～一九八九）
※芳麿、藤麿、萩麿、茂麿は後に臣籍降下
筑波家
藤麿《ふじまろ》
筑波侯爵
（一九〇五～一九七八）
喜代子《きよこ》
（一九〇九～一九四六）
貞子《さだこ》
（一九〇七～一九七三）
萩麿《はぎまろ》
鹿島伯爵
（一九〇六～一九三二）
茂麿《しげまろ》
葛城伯爵
（一九〇八～一九四七）
常治《ひさはる》
（一九三〇～二〇一二）
常秀《ひさひで》
（一九三五～）

聞』には「竹の園生《そのう》のやんごとなき御身をもつて帝大文科史學専攻の御身であられる筑波藤麿侯には（略）一大長編論文を公けにされた（略）とにかく侯爵にして斯くも博學篤學な方は珍らしい」という記事が載っている。まだ皇族出身の学者が珍しかった当時の雰囲気が伝わる。

大学院在学中の二八年に臣籍降下し、筑波侯爵家を創立。筑波姓に変わった三カ月後、毛利高範《たかのり》子爵の五女喜代子と結婚した。「筑波」の家名は、父・菊麿王が気象学者で、筑波山に自費で気象観測所の「筑波山測候所」を建設したことに由来している。因《ちな》みに藤麿王の次兄の山階芳麿氏は山階鳥類研究所を創設した著名な鳥類学者である。山階家は学究肌の血筋でもあったようだ。

三二年に大学院を修了した後、筑波氏は自宅に設けられた国史研究部に移り、終戦の四五年まで帝大の同僚研究者と共同研究を続けた。東京・代々木本町《よよぎほんちよう》の高台にあった筑波家の洋館に「筑波家研究部」（四三年に筑波家国史研究部と改称）が発足したのは、筑波氏が大学院に入学した翌々年の二九年。前年の臣籍降下を機に、卒業後の行き先を思案した黒板教授のアイデアだった。国史科の他の研究者たちも派遣され、国内の日本史学関連の研究資料を目録にしていく仕事を担った。筑波家の嘱託として研究部に勤務することになった前出の坂本太郎氏によると、黒板教授は「侯爵の国史研究の道を生かす所以でもあり、社会に奉仕する意味にもなる」と説明していたという。

筑波氏の次男、筑波常秀《ひきひで》氏によると、筑波氏と同年代の国史科卒業生約十人で結成した「代々木会」のメンバーが毎月一回、研究部に集まって著書や論文を批評し合った。他にも、国内で出版された国史学の著書、論文の紹介と批評を掲載する年鑑を「昭和〇年の国史学会」という表題で四五年まで毎年刊行。会には坂本氏のほか、筑波氏の帝大同期で後に治安維持法違反容疑で検挙されたマルクス主義者の羽仁《はに》五郎氏も参加していた。この間、三三年に筑波氏は、岩波書店から出版された『岩波講座日本歴史』シリーズで専門の古代史のうち「日唐関係」のまとめも担当している。

ほどなく研究部は歴史資料編纂《へんさん》の対象を広げ、律令時代の『日本書紀』などの史書『六国史《りっこくし》』の膨大な索引作りや、祖父の晃《あきら》親王、父の菊麿王の記録を元に山階宮家の伝記編纂も始めた。これらの労作は、四五年の大空襲で筑波邸が全焼した際、未完のまま灰燼《かいじん》に帰した。後にいずれも別の研究者の手で完成されたが、筑波家研究部はこれを機に閉鎖された。

こうした地道な資料の編纂作業は、筑波氏の性に合っていたらしい。宮司となってからも靖国神社の創立以来の歴史に国内外の重要事件も合わせて記録した「靖国神社略年表」を七三年に完成させた。

軍人になる宿命を外れて学究の道に進んだのは、体調や気性が理由とされている。ただ、戦後「白い共産主義者」を名乗り、軍人嫌いを広言していることから考えると、若い頃からすでにその傾向を持っており、成長とともに徐々にはっきり形作られていったと推測するのが自然だろう。少なくとも大学入学時には、軍人を敬遠する気持ちがすでにあったと思われる。

ところが皮肉にも、藤麿王が進学した時期の文学部国史科には、軍人たちが熱狂的に心酔する皇国史観の立役者、平泉澄《きよし》氏がいた。当時はまだ講師だったが、二年後に助教授となり、一九三五年に同学科の教授へと昇進。敗戦後、教授職を辞任して故郷に帰るまで、国史科の主として君臨した。

当時の国史科の雰囲気について、後に東大総長となった林健太郎氏は次のように記している。

「(平泉助教授時代は)まだ国史学会の大御所黒板勝美博士と辻善之助博士が健在であったから、平泉博士の名は世間に喧伝されても学内ではそれほど勝手なことも出来なかったろう。しかし(黒板教授らの退職後に)平泉博士の勢力はにわかに決定的となって、たちまち国史学研究室をその支配下におさめてしまった」

「玉砕《ぎよくさい》思想」を鼓舞し、学問の世界だけでなく軍部にも大きな影響力を振るった様を、ノンフィクション作家の立花隆氏は著書『天皇と東大』で「皇国日本最大のイデオローグ」と呼んだ。先に詳述したように、松平永芳《ながよし》宮司が心酔した人物でもある。

筑波青年が平泉教授をどう評価していたかという文書の記録は見当たらない。ただ、戦後に述べた感想についての証言が伝わっている。筑波氏が靖国神社宮司だった五九年三月、平泉氏が靖国神社へ講演に訪れた時のことだ。平泉氏自身、神職の資格も持っていた縁での招きだったが、演題は神道ではなく、先の大戦がいかに自衛戦争だったかを説く内容だった（「靖国の神徳を仰ぐ」）。この講演を聞いた筑波宮司は、ある神社関係者に「ああいう過激な考えは自分には合わない」と語っていたという。

戦後十年以上たってからという点を差し引いても、平泉氏に対する冷ややかな視線を持っていたことは間違いないだろう。筑波氏の専門分野は、「尊皇」重視の平泉氏がこだわった幕末や明治維新と重なっていない。大学院修了後、大学から離れることで平泉氏の影響力を半ばやり過ごしていたのかもしれない。

ちなみに筑波氏の長男、筑波常治《ひさはる》・元早稲田大学教授は「父の軍人に対する反発が確信にまで強まったのは、帝国議会での経験だった」と証言した。筑波氏は満三十歳を迎えた三五年、元皇族の立場で貴族院の議席を得た。その時、議会に出入りする若い軍人が威張り散らしている姿を見てすっかり軍人嫌いになったのだという。筑波議員は史料編纂の実績を買われ、神武天皇聖跡調査委員会会長（三九年）、肇國聖跡調査委員会会長、史跡名勝天然記念物調査会会長（四一年）という専《もっぱ》ら地道な活動をこなした。

大好きだった犬にまつわるエピソードでも、軍人嫌いの片鱗《へんりん》がのぞいた。筑波氏は大学院在学中の三二年に社団法人日本シェパード犬協会会長に就任したが、シェパード犬は軍用犬に使われることが多いため、戦況が激しくなると陸軍が設置した軍用犬協会に吸収されそうになった。この時、筑波氏は表立ってあまり強く反対したため、一部からあからさまな「反軍人」の主張の持ち主であるとしてにらまれたという。後に宮司になった時も、馬場氏に「サーベル（軍刀）は嫌いだ」と漏らしたことがあった。

　歴史研究、それも古代史を専攻し、とりわけ史料編纂や年表作成をいったんは生涯の仕事として選んだ皇族出身の学究人が、戦後、自己の信条として民主主義的な平和主義を信奉した。生来の軍人嫌いが気質として影響していたにせよ、その信条は単純に戦後の流行や風潮に流されてのことではなかったであろう。それは、自らも皇族の一人だった特別な境遇にありながら、日本国の来歴や日本人の営み、そこにおける戦《いくさ》の意味について、専門的な学識の裏付けを積み重ねながら様々に思い巡らした末にたどり着いた筑波氏ならではの歴史に関する考察、思想でもあったはずだ。

　一九四五年の年明けから、東京都内への米軍の空襲が激しくなった。筑波氏は二月に長野県高遠町（現・伊那市）の馬場氏宅に疎開した。ほどなく東京の筑波邸は歴史資料もろとも全焼。やがて八月の終戦を迎えた。筑波氏が戦後の人生を変える一通の手紙を受け取ったのは、疎開生活をそろそろ切り上げて上京しようかという十二月のことだった。配達証明付きの分厚い郵便物で、差出人は高松宮家と書かれていた。筑波氏を戦後初代の靖国神社宮司に任ずる通知だった。

長男の常治氏によると、前任の宮司が鈴木孝雄・元陸軍大将だっただけに、占領軍や世論に配慮して、できるだけ軍と縁遠い人物を選ぶ必要があり、筑波氏に白羽の矢が立ったのだろうという。差出人の高松宮宣仁《のぶひと》親王は、筑波氏と同い年で、筑波氏の従姉である香淳皇后の義弟に当たる。筑波宮司の選任には、高松宮の兄で、枢要な人事に細かく気を配った昭和天皇の意向もあったと推測される。

四六年一月二十五日、筑波氏は高等官（高級官僚）の一種である勅任官《ちょくにんかん》として別格官幣《べっかくかんぺい》社《しゃ》靖国神社宮司に就任。わずか一週間後の二月一日、靖国神社は国家管理を離れ、国家公務員としての宮司職は廃官となり、今度は一宗教法人の靖国神社宮司に即日推薦された。

生き残りへの娯楽化路線

筑波宮司が選任されるまで、一九四五年秋から四六年初めにかけての靖国神社は、様々な改革案が浮かんでは消える混乱の渦中にあった。五二年の社報は当時を振り返り「（靖国をめぐる新聞報道は）九、十月と進んで、戦争責任の追及が劇《はげ》しくなると共に、靖国神社存廃論が掲げられ始めた。その中で十二月突然、靖国神社は靖国廟宮《びょうぐう》と改称の記事が現れ大きな関心をよんだ。事実改称により辛うじて存続し得るかも知れぬといふ切迫した事態の中で、最悪の場合を考慮して、改称が検討されてはゐたが、然しまだ全く未成案のものが偶然来社の記者によりスクープされたもので、其後暫く社務所に来る手紙に廟宮と書かれ……」と記述している。

ここには「最悪の場合を考慮して」と簡単に説明されているが、実際は真剣に「財団法人靖国廟宮」への改称が検討された。当時、ＧＨＱとの折衝を担当した神社ナンバー２の横井時常《ときひさ》権《ごん》宮司は、後に「連合軍側が靖国神社に投げかけてきた大きな問題は、一つには靖国神社そのものの性格を廟もしくは記念碑的なものに変革すること」と証言している。他にも軍事博物館である遊就館《ゆうしゅうかん》を廃止し「遺族の家」と改称することや、非宗教法人化後の運営は遺族から選ばれた評議員に任せることなどが次々に報道された。

廟宮構想は四六年に入ってすぐ、ＧＨＱとの交渉の中で立ち消えとなった（第八章で詳述）。筑波宮司が就任し、直後に一宗教法人靖国神社となって、社号は辛うじて存続することになった。ただ、その後も依然としてＧＨＱは靖国神社を軍国主義の精神的支柱と見なし、存亡の危機はなお続いた。

こうした情勢下で着任した筑波氏にとって、宮司としての仕事は、靖国神社からいかに軍事色を排除し、生き残りを図るかがすべての出発点となった。終戦直後は大鳥居前にＧＨＱの門衛が立ち、民衆から「ＧＨＱににらまれた神社」と敬遠され、参拝客は激減していた。元旦の参拝客は四四年が七十三万人、四五年が四十万人だったのに対し、四六年は三万人程度まで落ち込んだと記録にある。五〇年一月の『青年新聞』は、戦後間もないころの神社の様子を「ちらほら参拝者がみえるだけ。三万坪の境内は荒れ放題、終日ヒッソリ閑として子守りたちの絶好の遊び場となつてしまつているというさびれ方である」と描写した。

危機感は切実だった。賽銭《さいせん》収入が減っただけではない。戦時中、国から出ていた年間一万二千円の供進金がなくなり、収益の確保は待ったなしの課題だった。戦前は認めていなかった一般参拝者の昇殿参拝を認めてみたが、収益上の効果はあまりなかった。集客作戦はどんどん露骨になり、花見目当ての遺族の参拝を当て込んで「櫻《さくら》の九段　春の御参拝手びき」を出したり、参拝と東京見物を組み合わせたバスツアーを宣伝するため、神社内にバス会社の出張所を設置したりした。「特別料金、案内ガール付で東京の主要個所の見物ができます」といった当時の宣伝文句が記録に残っている。こうした延長線上で、靖国神社は次第に娯楽化路線をひた走ることになる。

推進したのは横井権宮司である。GHQと神社存続をめぐってせめぎ合った当人でもあるだけに、生き残りへの執念と割り切り方は徹底していた。筑波宮司が就任する直前の四六年一月二十一日、横井権宮司はGHQを訪れ、宗教課長のバンス大尉に「遊就館は神社の附属物である。将来は内容を全然変えて娯楽場（ローラースケート・ピンポン・メリーゴーランド等）及び映画場にしたい」という大胆なプランを持ちかけている。

話はその後、どんどん膨らんでいった。後に横井氏の証言をまとめた『靖国神社終戦覚書』（六六年）によると、四六年九月ごろには、飯田橋《いいだばし》から市ケ谷《いちがや》の焼け跡に靖国神社を中心にした一大娯楽街の建設計画まで立てたという。「靖国神社の復興事業を目指して、また将来の神社運営の構想として」、神田《かんだ》周辺の学生たちを目当てに、神社の敷地内に映画館を二十軒も建てるほか、周辺には音楽堂、美術館、博物館なども造るという壮大な計画で、神社周辺の土地所有者との交渉も進み、図面と認可書類を関係官庁に提出するところまで進んでいた。

ところが、四六年九月七日付『東京新聞』がこれを「一大娯楽境」構想として報道した途端、寝耳に水の遺族たちから猛烈な反対論が噴き出した。さすがに神社の聖域にはそぐわないという意見が勝り、「影響するところが大きいので中止となった」（『靖国神社百年史』）が、広大な敷地を利用した娯楽場化計画はその後もくすぶった。

元職員は「新宿のやくざの親分が神社に出入りしては浅草のような歓楽街にすると交渉に来ていた」と語る。五〇年ごろにも、神田近辺の露天商を靖国神社の大村益次郎の銅像の周辺の敷地四千坪に移転し、パリの「のみの市」界隈《かいわい》に似た一大歓楽街にするプランがあったという。

収益事業の一環として、靖国神社が雑誌を発行する計画もあった。やはり横井権宮司の発案で、会員からの予約制だった当時の『婦人之友』のやり方を参考に、編集長には夏目漱石門下で大衆文学の旗手だった久米正雄氏を予定していた。これも、久米氏が靖国神社に協力してGHQににらまれるのを心配し、編集長就任を断ってきたため頓挫《とんざ》した。元神社関係者は「当時は国民が文字に飢えていて、雑誌を出せば売り切れるような時代だった。実現していれば当たっていただろう」と言う。実現しなかったが、奈良公園のように客寄せで境内に鹿を放し飼いする計画もあった。

持ち上がってはつぶれる計画が重なる中、四七年に民俗学者の柳田国男のアイデアで始めた「みたま祭」は、今日まで約七十年も続く珍しい成功例となった。これも当初は「金儲け主義」の批判にさらされた。「お盆といへば仏教のものとだけ思ひこまれてゐる為、之も戦後どん底におちた神社の保身策として、儲け主義だとか神佛習合だとか、靖国神社の堕落だとか、随分冷評酷評の渦を呼んだ」（五二年八月「みたままつりこぼれ話」）というのだ。

神社は批判をかわすため、お盆は「佛教《ぶっきょう》の専賣」特許ではなく「どの民族もが持ってゐる亡き人への追慕の心」であると説明した。しかし、開催時期が七月十三～十六日の「盂《う》蘭《ら》盆《ぼん》」の期間に行われることや、出し物として全国各地の有名なお盆行事の郷土芸能を奉納したり、地元・九段《くだん》の女性たち（当時の新聞記事によれば「九段のキレイドコロ」）が九段音頭を踊るといった内容をみれば、仏教を取り込んだ靖国版「盆祭り」であることは否定しようもない。

神社の正式な祭りである春秋の例大祭も娯楽色が強くなった。「奉納芸能」として美空ひばり、藤山一郎などの人気歌手が出演したり、「奇人館」「透明人間」「空中サーカス」「お化け屋敷」など多数の見世物小屋が許可されて境内に並んだ。五二年五月の臨時大祭では、サンフランシスコ講和条約発効の祝賀記念という名目で、なぜか本物のクジラの剝《はく》製《せい》まで飾られた。当時の神職の一人は「十メートル近いクジラの死体から周囲に脂が流れ出て、それはひどい悪臭だった」と顔をしかめた。

横井権宮司の娯楽化路線は極端すぎたが、筑波宮司の思い描く靖国振興策はもっと素朴なイメージだったようだ。筑波宮司が生まれてから二十三歳で臣籍降下するまで暮らしていた山階宮《やましなのみや》邸は、靖国神社のすぐ裏の東京市麴町《こうじまち》区富士見町《ふじみちよう》にあった。戦前の古き良き靖国神社、幼い日の楽しい遊び場だった境内が、筑波宮司にとっての娯楽化の原型だった。

戦前の靖国神社は、春秋の例大祭に約二十の見世物小屋と約三百余の露店が立ち並ぶ東京名物の一つだった。戦況が悪化した三九年四月の臨時大祭を境に、これらが一掃され、代わりに「催物は奉納武道・能・相撲などに主力を置き、外苑玉垣沿いに今事変の戦利品を陳列するほか、全国から寄進する樹木を植えて公園化するなど、神域浄化に努める」(『靖国神社百年史』)ことになった。長男の常治氏も「戦中は戦時色の強い軍事パノラマが展示されるようになった。父は戦争前のあたたかくて楽しい雰囲気に戻したかったようだ」と話している。
同じ娯楽化でも、万事に派手な「横井路線」と終始穏当な「筑波路線」には微妙な温度差があった。みたま祭は、そうした二人の妥協点でもあった。発端は収益稼ぎが目的だったとはいえ、すでに約七十年の歴史を重ね、今では「靖国色」の比較的薄い若い男女のデートスポットにもなっている。小泉純一郎元首相が毎年、名前入りの提灯《ちょうちん》を奉納したことで話題になったが、戦前の因縁を引きずっていないため、神社側の宣伝も「都心の夏を彩る風物詩」と重苦しくない。戦後民主主義と平和の恩恵に浴したからこそ続いたことを考えると、「筑波平和主義路線」を象徴する遺産とも言える。今日の靖国神社にあってどこか異質な気楽さが漂うのもそのためだ。

こうして娯楽化路線をひた走る一方で、「国家管理は離れても神社の本質は変わっていない」という建前は崩さなかった。四六年から五二年までに、神社の名称や目的、組織を定めた神社規則、祭祀規定、神社社憲などを相次いで定め、宗教法人として制度上の体裁を整えた。靖国神社を信仰する一般人向けの社報では「靖国神社の御本質たるお祭の執行や、それに関聯する部面に関しては……当然従来と全く同様にお祭その他の諸行事を御奉仕して参るわけでありまして、その点はいささかの変化もありません」（筑波宮司）と強調している。

とは言っても、靖国神社の本義が次第にあいまいになることは避け難い。戦前の軍国主義との決別についてGHQに提出した報告では、神社の変質を自ら認めている。一つは四六年十一月十五日の「靖国神社より軍国主義的色彩を除去せんとする諸件に関する覚書」、もう一つはその進行状況について四九年五月十七日に出した「靖国神社の現状に関する報告の件」という報告書だ。

その冒頭で、筑波宮司は神社がいかに着実に脱軍国主義を進めているかについて「各般に亘り當神社御創立の本姿にかへると共に、国家を離れた一宗教としての靖国神社として、崇敬者等の要望にこたへつゝ、新しい時代にふさわしい神社として立ちゆく可く努力を傾注して居」ると述べている。脱軍国主義を「本姿にかへる」と表現しているのが筑波宮司らしい。靖国とは本来、戦死者を慰霊し、国家を安んじるのが目的で、戦死者を軍神として祭り上げ、気炎を上げる場所ではない。戦時中の靖国の姿こそ一時的なものだったと言いたいのだろう。

興味深いのは、例大祭とみたま祭について述べた以下のくだりである。

「(一)……例祭には、献華・献楽等其他多種なる藝能を奉納する等慰霊の祭典にふさわしき要素を加へ……(二)しかし乍ら終戦後の例大祭の参列者及参拝者は、戦時中の例大祭のそれに比し激減して居り、且又終戦後新に行はれてゐるみたま祭の参拝者に比してもはるかに少数である。此の事はみたま祭の日期及其の性質等より考へても、従来の顕彰を主とした當神社の性格が変化し、一般からも慰霊の神社として考へられて来た事を示してゐるものと思はれる」

英霊を顕彰する例大祭こそが最も重要な祭事であるはずなのに、みたま祭ほど人が集まらないので娯楽化したが、それでも素朴な慰霊のお祭りであるみたま祭ほどの人気はない。国民にとっての靖国神社は英霊顕彰ではなくて素朴な慰霊の神社に変わっているのではないか——という筑波宮司の推測である。娯楽化路線によって、いつしか神社の本質も変わり始めていたのである。

第五章　世界平和をめざした靖国

オカルト権宮司の戦後

戦後の靖国神社の再出発に決定的な役割を果たしただけでなく、大胆な娯楽化路線を企画した横井時常《ときひさ》権宮司《ごん》とは、どんな人物だったのだろうか。靖国の在職期間はわずか二年八ヵ月と短かったが、その足跡は「筑波時代」に小さくない影響を残した。その神道観は極めて特異で、神道のゆるやかさと危うさの両方を感じさせる。少しわき道にそれるが、ここで横井権宮司の人となりをたどってみよう。

神道にはもともと統一的な教義がない。宗教か習俗かで議論があるのもそのためだ。神社本庁には全国の約八万社が加盟するが、八百万神《やおよろずのかみ》の言葉通りキツネや蛇を祭る自然崇拝、天皇やその祖先とされる古代の神々を祭る国家祭祀《さいし》、菅原道真《みちざね》ら偉人を祭る神社まで、祭神は多種多彩だ。起源についても日本文化の芽生えと重ねる説から、外来宗教の触発を受けたという説まで幅広くあって、定説はない。

そのためでもあろうか、横井権宮司は神道をすべての宗教の根源であると考えていた。キリスト教や仏教などおよそ宗教とされるものにはすべて日本の古代文化が影響しており、それが神道であるというのだ。GHQが靖国神社の廃止も検討した際、存続のための交渉の中心となったが、その過程で「靖国廟宮《びょうぐう》」の名称を提案した（第八章で詳述）のも、キリスト教や仏教などあらゆる宗教の人々が参拝する開かれた神社にするという発想だった。

実現はしなかったが、横井権宮司の説明はそれなりの説得力があったらしい、GHQのバンス宗教課長と大いに意気投合した、と記録にある。そもそもは戦前の国家神道色を薄める窮余の策でもあったはずだが、横井権宮司の「世界神道」観に照らせば、大まじめな新生・靖国神社の理想像だったのかもしれない。あるいは横井権宮司は靖国神社の生き残りのため、GHQの歓心を買おうと急ごしらえでキリスト教を研究し、必死で神道と融合させる理屈をひねり出したのかもしれない。バンス課長は宗教学者でもあったので、単純な提案に感心するとは考えにくい。唯我独尊《ゆいがどくそん》的な国家神道から、キリスト教など他宗教との共存共栄を目指す世界宗教としての神道に生まれ変わるという構想だったからこそ意気投合したと考えた方が得心がいく。

こういう飛びぬけてユニークな神職が靖国神社権宮司を務めていたこと自体、終戦直後の混沌《こんとん》とした状況をうかがわせる。横井権宮司は彫りの深いやせた顔立ちに口ひげを蓄えた思索的な面立ちで、今で言うところのカリスマ性を備えた人物だったようだ。思想は特異でも、皆から一目置かれていた。当時靖国神社に在籍した奈良県・大神《おおみわ》神社の鈴木寛治宮司は、横井権宮司の祝詞《のりと》の読み方が今でも忘れられないという。祝詞には独特の文体と文法、書式があるため、事前に和紙に万葉仮名で書いておいたものを朗誦《ろうしょう》するのが常だが、横井権宮司は手に白地の和紙を持ち、それでいてどんなに長くても完璧な祝詞を奏上した。よく通る朗々とした美声だった。

神社の朝は毎日、権宮司のあいさつで始まるが、横井氏は時に聖書の黙示録や「第四次元」の話、富士山信仰などについて延々と語り、職員たちは「神がかりになった」と噂し合った。神道には高天原《たかまのはら》（神の国）、葦原中国《あしはらのなかつくに》（現世）、黄泉国《よみのくに》という上中下三層構造の世界観があるが、横井氏は高天原とつながる幽霊の世界を「第四次元」であると説き、神の声を聞く霊媒師の役割をとりわけ重要と考え、自ら神の啓示を受けることもあったという。夕方の閉門後、暗い境内で異様に大きな拍手《かしわで》がパンパンパンパンパンと鳴った。横井権宮司が通常の二拍手でなく五拍手を打つ音だった。横井氏は「五の訓〝イツ〟は〝出づ〟〝厳〟に通じ、神霊の出現と関わりが深い。五こそ中心数なのである」という独自の説を唱えていた。後に五拍手を正式に採用するよう神社本庁に要望したほどだ。もちろん認められなかった。

ＧＨＱとの交渉の末に神社存続のめどが立つと、横井権宮司は一九四八（昭和二十三）年六月に靖国神社を退職。一時、神職を離れて保護司を務めた後、五九年に広島護国神社宮司、六六年に近江神宮宮司に就任した。靖国神社のナンバー2から地方回りに転じたのは、特異な思想がどんどん過激になっていったことも影響していたようだ。例えば広島護国神社の社報『護国神道』第六号（六二年十月一日付）の「聖地宣言」と題した巻頭あいさつは、広島には日清戦争の大本営が置かれ、明治天皇が「皇居」を置いたとし、新約聖書ヨハネ黙示録を引用した後、自分は祭神から啓示の声を聞いた、それによると広島は原子爆弾により最初の「洗礼」を受けたのであり、広島こそが全人類の聖地だ、などと主張。「全世界の宗教家は、親しく来ってこの聖地を審察されるとともに、全人類の為め、この聖地を実証活用さらんことを願って止まない」と結ばれている。神道とキリスト教、反核平和思想と人道博愛主義とがごちゃ混ぜになっている。

宮司としての行動を記録した「日誌抄」を見ると、横井宮司は毎月のように刑務所を慰問し、キリスト教の教会も頻繁《ひんぱん》に訪れている。毎年八月には核兵器禁止の会議に出席した。なお、六四年八月一日の項には「筑波宮司夫婦正式参拝、平和の灯点灯会に田頭遺族会長衣冠姿にて靖国神社の火種を奉持」とある。全国護国神社会の事務局は靖国神社内にあり、毎年全国会議が開かれる。横井宮司は退職後も靖国神社に出入りし、筑波藤麿《ふじまろ》宮司夫婦との交遊が続いていた。特に筑波宮司の妻貞子は大変信仰に篤く、神がかり的でカリスマ性を漂わせた横井氏と大いに馬が合っていたという。

ここまでは許容範囲としても、近江神宮へ異動した後は次第にオカルトがかってくる。同神宮の社報『志賀』の七四年三月一日号では、「一九九九年の七の月に人類が滅亡する」とするノストラダムスの大予言を取り上げ、「新約聖書の巻末にあるヨハネ黙示録と表裏をなすものである。我が国は天壌無窮の神勅と共に……細石が巌となりて苔のむす迄、万代に栄える国であって、心配無用である」と説明。やがては「古事記が書かれる以前の古代に神代《じんだい》文字があった」（七七年七月一日号）、「ヘブライ語は日本から来た文字でキリストの墓は日本にある」（同年十二月一日号）、「霊能者を通じてキリスト教霊界に案内された」（八〇年十二月一日号）とエスカレートしていった。ここまで来るともはや神道からは逸脱している。

とうとう「神がかり宮司」批判が起きた。宗教紙『新中外』の七六年十月一日号は、「異端か正統かヨコイ神道　わが道を行く近江神宮」と題して横井宮司のインタビューを掲載。ここで横井氏は「形式的なものにとらわれる必要はない。要は神明奉仕が第一義である。伊勢の八拍手、出雲大社の四拍手、これも必ず初めがあった。誰かがやり始めたのだから、近江神宮の五拍手は私が初めて採用した」と主張した。

『新中外』十月十五日号に、「近畿の有力神社人の話」として興味深い匿名のコメントが載っている。「率直に言って、これは〝舘友人事〟（皇學館大学出身が厚遇される神社界特有の学閥人事）の明らかにハタンですよ。横井宮司の〝神がかり〟は今に始まったことではない。靖国でも広島護国神社でも問題となり、やむなく〝舘友〟はタライ廻し人事をやった」。戦後神社界の裏面史である。ＧＨＱと渡り合って靖国神社を民間宗教法人に衣替えし、戦後日本に存続させた最大の功労者が、その後、このような歩みをたどっていた史実は、これまで神社界以外にほとんど知られていなかった。

戦後六十年目の二〇〇五年八月に放映されたNHKスペシャル『靖国神社　占領下の知られざる攻防』は、近江神宮に転勤後の六六（昭和四十一）年十月二十九日、横井氏を民間の歴史研究家が訪ね、GHQとの折衝について聞き取りした録音テープが主要な素材として使われている。戦後二十年以上たっても横井氏の証言は具体的で明晰《めいせき》だが、その一方で神道家としての横井氏は、当時すでにこうした極めて特異な考えの持ち主でもあったわけだ。

「ヨコイ神道」は、天照大神《あまてらすおおみかみ》が支配する高天原こそが宇宙であり、皇統はそこから天降って始まったが、それはUFOが存在したからだとし、ついには人類愛を超えたもっと広い概念として「宇宙愛」まで唱えるに至る。八一年一月十一日には、UFOとの「コンタクトマン」五十五人が近江神宮に参集し、金星に向かって「天の岩戸開きの儀」を行い、天地、宇宙の神々に対し「全人類、全動物、一切すべてのものをお守りお導き下さいますよう」祈願までしたというから驚く。当時の様子は社報『志賀』同年二月一日号に記されているというが、同神社の神職は「公表したくない。横井宮司個人の考えだ」と閲覧を拒んだ。しかし、横井氏は『別冊歴史研究　近江神宮』（新人物往来社）への寄稿文「深恩を蒙りて」や、「宇宙人と交信した」とする渡辺大起氏の著書『オイカイワタチ』（「宇宙語」を意味する言葉だという）の推薦文などで、自らUFOの儀式を紹介している。

しかも、横井宮司はこの活動を近江神宮名誉総裁だった高松宮にも奉告し、高松宮を通じて昭和天皇の耳にも入るよう頼み、『オイカイワタチ』の上製本を渡辺氏本人が宮中へ献上したのだという。伝記『高松宮宣仁親王』によると、高松宮は神道に造詣が深く、昭和四十（一九六五）年代の後半から神道や神官に関するメモが増えてきたとされる。名誉総裁として横井宮司と接触があったとしても、その先の真偽は分からない。ちなみに高松宮が靖国神社の松平宮司推挙にかかわったのは、その二年半前のことだった。

こうして横井氏の人となりを跡付けると、知られざる一宗教家の奇矯《ききょう》な生涯と片付けられてしまいそうだが、靖国神社との因縁は終戦直後のGHQとの交渉史にとどまらない。以下、その不思議なつながりを紹介して、この節を終えたい。

「ヨコイ神道」にはタネ本があった。明治の神道系新宗教の教祖、竹内巨麿《きよまろ》が公表した『竹内文書《もんじよ》』である。そこには、天皇家がはるか神武以前に遡《さかのぼ》って太古より世界に君臨し、「天空浮船《あめのうきふね》」に乗って世界中を巡幸した、日本は世界人類発祥の地で、シャカやキリストやマホメットも日本に来て学んだ――という「世界天皇史観」が「神代文字」で記されていたとされる。戦後もオカルト雑誌や新興宗教がしばしば取り上げ、オウム真理教の教祖だった麻原彰晃死刑囚は『竹内文書』をもとに「ハルマゲドンが起きる」とする教説を組み立てたとされる。

國學院大学日本文化研究所の『神道事典』の「超科学的研究」の項には、「後代の偽書とされる……『竹内文書』などを、記紀以前に成立した史書として、これを立論の土台にしたり、断片的な情報や物証を大胆な超古代史的仮説でつなぎあわせたりする。どれもほとんど素人あるいは在野の研究者によってなされており、専門家の批判的検証がなされることは稀である」と紹介されている。

それでも竹内の奇怪かつ壮大な世界天皇主義思想は、戦前・戦中の世相もあって一部の国家主義者、華族、軍人たちから熱心に信奉された。竹内は一九三六年、不敬罪で逮捕され、一、二審とも有罪判決を受けた。『竹内文書』は昭和初期に二度発禁処分を受けていたため、竹内が検挙される前、押収されるのを恐れた信者の軍人たちが密かに持ち出した。隠していた場所は、事もあろうに靖国神社の軍事博物館「遊就館《ゆうしゅうかん》」だったという。ただ、それも空襲で焼失した。

在野の「超科学的研究」専門家たちが八四年に出版した『神道理論大系』という論文集には、横井氏の論文も収められている。近江神宮の社報をより詳細にした内容で、竹内文書を取り上げている。論文集の巻頭には「神道が、本居・平田理論をきっかけとして、民族主義に偏向した歴史を矯正して、万教の根元であった本来の姿にたちかえるために役立つことを確信している」とある。

靖国神社にA級戦犯が合祀《ごうし》されて間もない一九八〇年代の日本社会は、二十一世紀の「スピリチュアリズム」に先駆けたオカルト・ブームの時代でもあった。戦後すぐ靖国神社を国家神道から離脱させる歴史的事業を中心で担った横井氏は、新たな拠《よ》り所を古代神道の復興とキリスト教など他宗教との整合に求め、学問的に空白である神道のルーツをたどるうち、ついには一人深い迷路に分け入ってしまったのかもしれない。

国際平和主義の象徴「鎮霊社」

娯楽化路線が進められたころは、靖国神社の「社風」もまた、戦後の混乱を引きずる雑然としたものだった。別の言い方をするなら、靖国神社といえども軍国主義の重しが取れて、戦後の自由と平和を謳歌《おうか》していた時代でもあった。伝わるエピソードにはいずれも屈託のないおおらかさがあり、今日の頑《かたく》なで閉鎖的な雰囲気とはまったく異なる。

雪が降れば、袴《はかま》姿の神職たちが外に飛び出し、境内で雪合戦に興じる光景が見られた。今でも「あいつから固い雪玉をぶつけられた」と、数十年前の雪合戦を苦笑混じりに語る元神職がいる。社務所内に「予言者」を自称する男が居候《いそうろう》していたこともあった。横井権《ごん》宮司を尊敬するあまりいつの間にか居着いたもので、祭祀《さいし》の度に太鼓《たいこ》の音色を「今日の叩き方は陰だ」「今日は陽だな」と批評した。それを横井権宮司が朝礼で紹介したため、気にかけた太鼓係の若い神職が「陰」と言われないように太鼓を強く叩きすぎ、片面に牛一頭分張られた太鼓の皮を破ってしまったこともあった。

中でも、あるドイツ女性の住居が境内に新築されたいきさつは、ほのぼのとした人情味を感じさせる。女性の名はメイ・ファン・ハウレル（日本名・阪明子）さん。戦前、文学研究のために日本を訪れた元新聞記者で、逓信省の官僚だった阪久三氏と結婚し、二人の子供にも恵まれた。ところが戦時中、阪氏と子供二人は病死。終戦後、ふと靖国神社を訪れ、境内は雑草が伸び放題、備品も盗まれ放題という荒廃ぶりを見て、熊手とホウキを手に境内の掃除をするようになった。いつしか境内の掃除は、天涯孤独なハウレルさんの心の拠《よ》り所となった。雨の日も風の日も続け、やがて「靖国のおばさん」の愛称で知られるようになる。

献身ぶりに感激した神社側は五五年、境内にハウレルさんの住居を新築した。「神社では終戦以来この奇特な志に報いる一端として境内に約十坪の住居を建て提供する事となり五月末完成を見たのである」（当時の社報）。その後、ハウレルさんは神社主催の募金でいったんは母国に帰ったが、すっかりなじんだ靖国神社が恋しくなり、また日本に戻った。再来日して靖国神社を見たハウレルさんは、新聞記者の取材に「故郷でホームシックになり、私の心はペチャンコになったが、靖国神社を見たら心がいっぺんにふくらんだ」と語った。

このように戦前の荘重厳粛な雰囲気が一変したのは、終戦による解放と民間法人化だけが理由ではない。そこには、戦争の反省と戦後の平和主義を強く自覚し、「将来再び戦の悲しみを繰返えす事なく、相たずさえて楽しき世界を築く事こそ、私達の務めでありましょう」（社報）と軍国主義との決別を強く訴えた筑波宮司の信念が大きく影響していた。

やがて筑波宮司は、戦前・戦中の国家神道とは対極の国際平和主義を掲げるに至る。きっかけは筑波藤麿《ふじまろ》、貞子宮司夫妻の欧米視察だった。クリスチャンで立教大学総長の松下正寿《まさとし》氏を団長とする「核兵器禁止宗教者平和使節団」に夫妻で参加したのだ。筑波宮司は、橋本凝胤《ぎょういん》・薬師寺《やくしじ》管主《かんしゅ》、庭野日敬《にっきょう》・立正佼成会会長と共に副団長を務め、貞子夫人も新宗連専務理事らと同じ随員の身分で同行した。

一九六三年九月十四日に日本を出発。四十一日間にわたってソ連、イギリス、スイス、アメリカなど欧米十カ国を歴訪し、ローマ教皇やロシア正教大主教、カンタベリー大主教ら世界を代表する宗教関係者のほか、国連のウ・タント事務総長とも面会し、核兵器廃絶を訴えて歩く画期的な平和運動だった。訪問先で「私どもは日本の宗教界を代表してまいりました。部分核停止から全面禁止、ひいては軍縮が実現できるよう願っています」とメッセージを出した。

旅の体験は、筑波宮司の平和主義思想を大いに刺激した。十月二十四日に帰国すると、靖国神社からも平和を求める国際的なメッセージを発信したい、と願うようになった。それが、日本の兵隊だけではなく、全世界の戦没者および日本国内のこれまで合祀されていなかった戦没者の霊を祀《まつ》る社《やしろ》を作ろうというアイデアになった。筑波宮司とは再婚だった貞子夫人の、最初の結婚で生まれた長女・幸子さんは「(筑波夫妻は) 欧米を視察し、日本の英霊だけでなく世界の英霊をも祀ることで、初めて真の世界平和が来ると考えたようです」と、その意図を説明した。

当時の社報には筑波宮司の思いがあふれている。数回掲載された欧米視察のレポートには、「思想の廃退、公徳心の欠除《ママ》は、我が国が一番低調なのではないか」という日本の現状に対する問題提起から、「(ソ連) 政府がいかに宗教を弾圧しても……何《いず》れの日かソ連人の宗教心は、共産主義の国家とマッチして、宗教を通じ世界各国の人々の心と結び合って、本当の意味の世界平和が出来るのではなかろうか」という訴えまで、普段は物静かだった元皇族宮司の熱い心情がつづられている。

極め付きは六四年一月号の社報に載った年頭あいさつであった。

「我が日本が、我国のみはとの自己中心の幼稚なる殻にとじこもって居る間は、真の平和は得られぬものと信じます。既に靖国の神々は世界のみ霊と手を取り平和への大神として活躍せられて居る事でありましょう。この度、国内の各宗教の代表者と共に世界を廻りまして感じましたことは、万国の英霊をお祀りするのは、各種の宗教がお互に争う事なく、銘々の心の中にとけ込んで居るこの日本に於てこそ、始めて実現し得ると云う確信を持ちました。今年は、この確信を胸にいだいて神前に御奉仕する覚悟であります」

靖国神社から世界平和を発信しようという理想に満ちている。ちなみに筑波宮司夫妻が広島護国神社の横井宮司を訪ね、「平和の灯」点灯会に出席したのは同年八月一日のことである。筑波宮司夫妻と横井宮司の世界平和主義は、まだこの頃までは十分に重なり合っていたのだ。

気のはやる筑波宮司は、帰国直後から全世界の戦没者を祀るプランを神社内で提案した。明らかに靖国神社の本義とはかけ離れているため、異論もあったらしい。後に秦郁彦・元日本大学教授が靖国神社で施設管理を担当していた元神職で大神《おおみわ》神社宮司の故・木山照道氏に聞いたところ、「不特定多数の祭神を祀る慣例は神道にはないので異議も出たが、宮司の強い意向で実現した」と説明したという。

ようやく、参道から本殿に向かって左奥に高さ約三メートルの小さな木造の社が建てられたのは、六五年七月十三日のことだった。これが鎮霊社《ちんれいしゃ》である。社の前の立て札には「明治維新以来の戦争・事変に起因して死没し、靖国神社に合祀《ごうし》されぬ人々の霊を慰めるため、昭和四十年七月に建立し、万邦諸国の戦没者も共に鎮斎する」という由来が書かれた。社前に立つ灯籠は、筑波宮司と同じく世界平和への思いが強かった妻、貞子さんが寄進したもので、「奉納　昭和四十五年七月十三日　筑波貞子」と彫られている。鎮霊社は、みたま祭と並ぶ靖国筑波時代のモニュメントとなった。

鎮霊社が完成した翌年、筑波宮司は社報で鎮霊社の意味を次のように説明した。「世界の諸国がお互いに理解を深め、本当に平和を望むなら、かつての敵味方が手を取り合って、神として我々を導かれることこそ一番大事な事だと思います。この意味から昨年は境内に鎮霊社を新たに創建し一般の戦争犠牲者と共に万邦の英霊をも合祀致しましたのでありま す」

世界平和を希求するメッセージが諸外国に受け止められた面もあったのだろうか、筑波宮司が欧米視察した六三年から鎮霊社が建設された六五年にかけて、靖国神社を訪れる外国からの賓客《ひんきゃく》の数は例年になく伸びた。六三年二月、外国軍隊が初めて参拝した。軍楽隊の演奏する日仏両国国歌が流れる中、フランス海軍百八十人が境内を行進した。これを皮切りに、靖国神社には各国の練習艦隊が訪日するたびに参拝するようになり、各国の大臣や武官の訪問も増えた。この年はタイ国王からの使者なども来ている。

翌年も太平洋戦争で敵対した米空軍兵、パラリンピックに参加した西ドイツ（当時）の傷痍《しょうい》軍人たちからアルゼンチンの日本文化研究会会長、イタリア国防大臣、ビルマ（当時）の労働大臣など幅広い参拝があった。六五年には、西ドイツの練習巡洋艦の乗組員五十人が西ドイツ大使と参拝した際、神社境内のイチョウの苗木を贈られ、後に母国の海軍戦没者記念塔での植樹式を行ってもいる。来日中のハンフリー米副大統領が非公式ではあるが参拝している。

筑波宮司の平和主義路線が、少なくとも外国からの来賓にとって軍国主義の象徴だった靖国神社の敷居を低くする効果があったことは間違いないだろう。六五年二月二日、筑波宮司は再び核兵器禁止宗教者平和使節団の一員としてインド、レバノン、サウジアラビア、アラブ連合、ヨルダン、シリア、トルコを歴訪し、「伝道師」の役目をこなした。靖国神社が平和の発信基地となって各国との交流が活発になる「靖国外交」が、この時期、確かに存在していた。

筑波時代の終焉

しかし、靖国の平和主義を象徴した鎮霊社《ちんれいしゃ》は、創建から十年もたたずに封印される運命となった。一九七四年の左翼過激派による北海道神宮放火事件を受け、攻撃防止用の鉄柵や垣根で囲われ、非公開になったのだ。七七年には神社本庁爆破事件も発生。神社に対する攻撃が続いたのは事実だが、イデオロギー対決が前面に出た七〇年代が過ぎ、バブル経済へと向かった八〇年代に入っても鉄柵は撤去されなかった。七八年に就任した松平宮司が、鎮霊社の存在に否定的だったためともいわれる。確かに高さ約三メートルもの鉄柵で取り巻き、三十年以上も非公開にしてきたのは、不測の事態から守るためではなく、人目から隠すためだったとしか考えられない。

鎮霊社が型破りの神社であるのは確かだ。神道では祭る神の名を特定するのが原則だが、鎮霊社の慰霊対象は名前も数も特定されない。その点について、筑波宮司の次男で京都・

勧修寺《かじゅうじ》門跡の常秀《ひさひで》氏は「不特定の対象を慰霊するのは仏教的です」と指摘する。筑波氏の出身である山階宮《やましなのみや》家はもともと神仏混交《こんこう》を旨とし、創始者の晃《あきら》親王以来、仏教の信仰に厚かった。常秀氏が仏門に入ったのもそのためだ。そうした背景があって、筑波宮司も緩やかな形式の神社を創建したのではなかろうか。

対象が特定されている慰霊に関しても、その範囲が靖国神社の教義から外れているという批判があり得る。鎮霊社は、嘉永《かえい》六（一八五三）年以降の合祀《ごうし》されていない戦没者を祀《まつ》っている。ということは、靖国神社は本殿で「勤王志士」である官軍側を祀り、境内の鎮霊社でその祭神と戦って命を落とした賊軍側の戦没者を祀っていることになる。しかも外国人の戦没者は、本殿への合祀の有無と関係なく祀っている。日本兵と戦って命を落とした兵士も、本殿に合祀されている中国や朝鮮籍の日本兵も含んでいる。

元々が他宗教との協調も含め、伝統的な靖国神社の世界から、外へ広く門戸を開いていくことを意図した社《やしろ》なので当然なのだが、松平宮司をはじめ伝統墨守《ぼくしゅ》に謹厳な神道人にしてみると、同じ境内に鎮霊社が存在することによって、靖国神社は何を祀っている神社なのかという定義がぼやけてしまう、という危惧《きぐ》が起きる。次章で詳述する筑波宮司による皇族の合祀についても同様だ。

ただ、神道はもともと教義も定かでない柔軟性を特徴とする。まして戦後の靖国神社は一民間宗教法人であり、何を合祀し、何を信仰対象にしようと本来は自由なはずである。

万事おおらかで許容範囲が広い筑波路線は、靖国神社の戦前からの一貫性を信じたい人々にとっては批判の対象だったが、当の筑波宮司は、むしろ自分こそが筋を通していると自負していたのではなかったか。

しかも、鎮霊社は世界平和への祈りを込めた施設だった。筑波宮司は戦後の靖国神社を、戦前の軍事色を消し去って普通の神社にしたいと願っていた節があり、鎮霊社はそのシンボルだった。靖国神社が無謀で悲惨な戦争遂行に深く加担した責任を問われることなく戦後も存続し得たのは、民間宗教として再出発する道を選択したからであった。筑波宮司は、それを単なる法人格の衣替えに終わらせず、神社としてのあり方そのものまで転換していく契機にしようとしていた。

神道が政治と戦の激動を幾時代も潜り抜けてきたのは、それだけの復元力としなやかさを備えていたからだろう。むしろ神道の長い歴史に照らせば、靖国神社こそ歴史も浅く、創設の経緯も祭祀《さいし》の対象も極めて特殊な部類に属するというのが定説のようだ。歴史への視線を明治よりはるか昔にまで遡らせてみるなら、筑波宮司の試みこそ、神道本来のあり方に則《のっと》っているとも言えるではないか。

その意味で、神社本庁が五七年、機関紙の『神社新報』に掲載した論文は示唆に富む。靖国神社が戦前の路線に回帰する純化路線をとるべきか、戦後の新たな自由化路線をとるべきかをめぐり、こう述べている。「靖国神社をもって、宗教団体としての本質を有《も》ち、私人の私的宗教活動の場所であると考へるのであれば、その祭祀の対象として、何者を選ばうとも、それは宗教団体の私事であって、神社外の者が干渉すべきでない。関係者のみの私事であり、自由に一任さるべきである。（略）しかし神社が公的性格を重しとすれば、慎重に国民の公論の定まるのを待つべきである」

国家護持など公的性格を持つ道を重視しないのなら、祭祀の対象に何を選ぼうとも「自由に一任されるべきだ」というのだ。筑波宮司は実際、国家護持について「政治家の票集めだ」と一蹴《いっしゅう》していた。強く国家護持を望んだ遺族会の手前、政治スローガンとして国家護持を掲げたこともあったが、本音は別だった。例えば五二年の靖国神社の社報には「お社《やしろ》が国家管理にうつされたとしたら……軍備或は再度の戦意高揚の具にならないと誰が保証し得るだらうか」という心配さえ書き記している。

長男の常治《ひさはる》氏によると、筑波宮司には「靖国神社は一種の斜陽産業のようなもので、そもそも戦死者のための神社なのだから、平和が長く続いて遺族も減ってくれば、やがて靖国神社の存在感も薄れていくのが自然だ」という諦観《ていかん》があったという。しかし、実際に神社がなくなることはない。それ故、娯楽化を進めてでも一般参拝客に開かれた神社にしようと試みたし、戦前・戦中の合祀基準にこだわらず、未来への展望を開く平和主義に基づいてすべての戦死者を祀ろうとしたのだろう。

こうした理念への共感は、靖国神社関係者の中にも少なからずある。鎮霊社が約三メートルの鉄柵で覆われている異様さに、崇敬奉賛会の久松定成《さだなり》・元愛媛大教授が公然と異議を唱えた。二〇〇二年五月、境内の靖国会館であった崇敬奉賛会総会で会長に就任した際、「内外の戦没者を祀った鎮霊社が示す愛の小世界にも心を打たれる。宣伝を強化すべきだ」とあいさつしているのだ。久松氏は旧伊予松山藩十八代目の当主で、父は筑波宮司の従兄弟に当たる。鎮霊社創建に込められた筑波宮司の深慮をよく理解し、鎮霊社を「昭和天皇の御心にかなった社」と訴えてきた。

永らく世間の目から秘匿《ひとく》されていた鎮霊社の意義は、皮肉にも「小泉参拝騒動」で靖国神社問題に関心が集まる中で一般に知られるようになった。『毎日新聞』の連載企画「靖国　戦後からどこへ」でも写真入りで大きく報じた。直接的には久松氏らの静かな理のある訴えが神社側を動かしたのだろう。鎮霊社は二〇〇六年十月十二日、実に三十二年ぶりで垣根の一部が撤去され、一般公開されるようになった（ただし、二〇一五年現在は再び非公開）。

いかにも唐突な変化だが、神社側の説明はそっけない。なぜこのタイミングで長年の方針を転換したのかは答えず、鎮霊社に祀る対象を聞いても、立て札に書かれたその由来を読み上げ「それ以上でもそれ以下でもありません」と無愛想に答えるだけだ。三十二年間も非公開となっていた理由を問うと、「警備上の都合」を挙げ、さらに本殿の合祀基準との違いを懸念していたことまでは認めるが、その説明は「御本殿の御祭神は奉慰顕彰の対象だが、鎮霊社の御霊は奉慰の対象」という言い方で非常に分かりにくい。なぜか公開日は、小泉政権の退陣と安倍政権の誕生からわずか十六日後。結果的に、政権交代時期との暗合ばかりが目に付くタイミングだった。

二〇一四年十二月二十六日、安倍晋三首相は在任中初めての靖国参拝を行った際、異例なことに併せて鎮霊社にも立ち寄った。発表した談話で「戦争で亡くなられ、靖国神社に合祀されない国内、及び諸外国の人々を慰霊する鎮霊社にも参拝いたしました」と意図を説明。鎮霊社の創建趣旨に目をつけ、二社抱き合わせで諸外国からの靖国参拝批判をかわそうという新手の手法だったが、反響は乏しかった。

筑波宮司は理念としての人類愛にとどまらず、私生活でもきめ細かな愛情の豊かな人だった。靖国神社のベテラン職員や元職員に筑波時代の思い出を聞くと、それぞれの小さな体験を語った。神社にいる間は宮司室に長くいて、職員と直接話す機会は少なかったが、不思議と百人を超える職員一人ひとりの事情をよく把握しており、神職になりたての宮掌《くじょう》が帰郷のため休んだ後、いきなり「お母さんは元気でしたか」と声をかけて驚かすようなことがよくあった。

「実務はナンバー2の権《ごん》宮司が仕切り、筑波宮司の仕事は祭祀だけ。筑波さん自身が天皇のように象徴みたいな人だった」と話す元職員もいるが、人柄は長く慕われ、「いつも穏やかな笑顔の方」「忘年会などの職員が集まる席では、何を話さなくてもそこにいるだけで場が和《なご》む存在」などと語り継がれた。

妻、貞子さんに対する愛情の深さも、いまだに語り草だ。筑波宮司の最初の妻、喜代子さんは終戦から半年後の四六年三月、三男一女（三男は後に病死）を残し敗血症で亡くなった。筑波氏より二歳年下の貞子さんも、夫の陸軍主計少尉、三好禎介男爵が終戦間際の四五年七月に戦死し、五人の子供と共に残された。どちらの子供も学習院に通う同級生で、自宅が近所という縁もあり、学習院の教師に紹介されて四七年に再婚した。

貞子さんは穏やかな口数の少ない筑波氏とは違う活発なタイプで、事業家の気質も持ち合わせていたようだ。夫を亡くして再婚するまでの短い期間にも、旧満州（中国東北部）から引き揚げてきた職のない男女を針子に雇って縫製店を経営していた。宮司夫人になってから、例えば後の多摩《たま》ニュータウンの団地建設計画を早くに聞きつけると「多摩には神社がないから神社を作った方がいい」と進言したりもした。

とはいえ、宗教心は厚かった。筑波宮司との再婚をきっかけに神道に深く傾倒し、毎朝午前六時の開門と同時に靖国神社を参拝していた。平和使節で筑波宮司と海外を回り、鎮霊社を建てる計画も積極的に応援した。筑波宮司の平和主義路線には、貞子さんの精神的支援が大きかった。

七三年十月一日、貞子さんは筑波宮司の熱心な看病も及ばず、胃がんのため自宅で亡くなった。以来、筑波宮司は、それまで夫婦と子供で楽しんでいた外食をぷっつりとやめ、毎夏出かけていた山中湖《やまなか》の別荘にも一切行かなくなった。そして五年後の七八年三月七日、全国護国神社会に出席した後、体調を崩して寝込み、同月二十日没した。享年七十三。

五二年四月、春季例大祭に臨んだ時の文章が残っている。

「私達はもっともっと、みたまをお慰めしてゆかねばならないと思います。それなら、何がみたまのお慰めになるのでせうか。ねんごろな上にもねんごろなお祭りを、繰返へし繰返へし奉仕して、みたまの平安をおねがひすると共に、その心を心として、私達生残るすべてのものがなごみあふこと、それこそ一番大切なことだと思ひます。『平和』をすら、争ひの口実とし、武器としあふやうな今日の世情であればこそ、平和は奪ひ取って得られるものではない、睦みあひなごみあって始めて生れるものだといふことを、もう一度、私達の心一つ一つの底に、深くきざみつけたいとねがふのです」

三十年ぶりの靖国内部資料公開

A級戦犯合祀《ごうし》に慎重だった筑波時代から、水面下では戦犯合祀をめぐり靖国神社と国の間で生々しい協議が重ねられていた。その事実は知られていても、具体的にどのようなやり取りが交わされたのかは分かっていなかったが、当時から半世紀近くたって歴史の空白を埋める興味深い資料が現れた。

二〇〇七年三月末、国立国会図書館は三十年ぶりに「靖国神社問題資料集」の新編を作成した。図書館の求めに応じて同神社が新たに提供した内部資料一七九点など初公開の内容が含まれている。新資料集から浮かび上がったのは、会議のたびに旧厚生省の役人が神社まで出向いて合祀を働きかけ、神社も国と一体となって、それを受け入れていった構図だった。合祀への国の関与は、憲法で禁じられた政教分離に抵触する疑いが消えない。今回、関与の事実そのものについての画期的な新事実はなかったが、これまで形式的、断片的にしか分からなかった関与の程度が、かなり積極的だった実態が浮き彫りになった。

働きかけた「国」とは、具体的には旧陸・海軍省から第一、第二復員省を経て、慰霊業務を引き継いだ旧厚生省引揚援護局（後に援護局）。同局はトップこそ文官だったが、ナンバー2の局次長以下は、多くの元軍人が戦前の旧軍組織からそのまま移って編成されており、とりわけ合祀事務は元軍人たちしか扱うことのできない聖域だった。〇六年夏、私たちは新聞連載の取材で援護局長経験者の元文官を訪ね、靖国神社とのかかわりを切り出すと、途端に「元軍人のことか。分からないよ。合祀のことを取材するなら神社にいけばいい」と不快感をあらわにした。一口に「国」と言っても、実態は戦後も文官組織（厚生省）の一画に棲《す》み着いた、実態は旧軍組織（引揚援護局）であり、文官たちは内心それを苦々しく見ていたようだ。千二百ページの分厚い新資料集をめくりながら、元軍人たちの靖国神社に対する働きかけの変遷《へんせん》をたどってみる。

一九五八年四月九日。昼下がりの靖国神社を引揚援護局の事務官四人が訪れた。自民党と社会党の五五年体制ができて最初の総選挙を翌月に控えた時期だ。社務所書院ノ間で対応したのは、池田良八権《ごん》宮司ら。初めて保革が真っ向から対決する政治の季節をよそに、英霊の杜《もり》では厚生省との間で「合祀基準に関する打合会（第四回）」が人知れず開かれていた。

引揚援護局・三浦祐造事務官「戦犯者（A級は一復関係でない）B級以下で個別審議して差支へない程度でしかも目立たないよう合祀に入れては如何。神社として研究して欲しい」

神社側「総代會に相談して見る。その上で更に打合会を開き度《た》い」

打ち合わせ会は前年六月に始まったが、「A級」の文言が話題にのぼったのは、この時が初めてだった。「一復」とは旧陸軍から業務を引き継いだ第一復員省のこと。旧陸軍出身の事務官が述べた「（A級は一復関係でない）」は、「旧陸軍の管轄ではない」という意味に読める。厚生省側から戦犯合祀を持ちかけはしても、あくまでもA級についてはあらかじめ自発的に除外していたのだ。

戦犯の扱いが初めて正式な議題に上ったのは、五カ月後の五八年九月十二日（第七回）。引揚援護局復員課の事務官が提案した。

「全部同時に合祀することには種々困難もありすることであるから先づ外地刑死者（BC級）を合祀のことに目立たない範囲で諒承して欲しい。名票作製は全部出来ているからいつでも上申できるよう準備は完了している」

戦犯への視線が厳しい世論に配慮して「目立たないように」事を運びたいとしながらも、早急な対応を神社に迫った。これに対し、神社側の応答は一歩引いていた。

「諒承したが合祀については役員会、総代会の機関に計らねばならぬ。新聞報道関係の取扱ひ方如何でその国民的反響は甚だ重要な問題として考へねばならぬ。宮内庁関係とも事前に諒承を求める必要も考へられる」

神社は世論以外に、この頃から宮内庁の意向を気にしていたのである。当時は、国が戦前と同じように神社を管理するよう求める「靖国問題」が始まった時期でもあった。国家護持を目指す靖国神社法案は、七四年に五回目の廃案になるまで保革対立の象徴的な法案であり続けた。戦犯合祀が公になれば、世論、政界に賛否の議論が沸き起こり、国家護持への影響も確実だった。

「合祀基準に関する打合会」という名称の協議はこれで終わる。五八年に一般戦没者の合祀がおおむね完了したからだ。その後は戦犯合祀の取り扱いそのものがテーマになる。同年十月十三日、初めて開かれた「従来の合祀基準外の者について」と題する会議は、前回までと様相が一変した。それまでの出席者は、厚生省側が事務官、神社側は池田権宮司らで、両者とも事務担当だけだったが、この日、神社側は筑波宮司や総代ら意思決定の最高責任者たちが初めて顔をそろえた。対する厚生省も、元軍人グループのトップ、美山要蔵《みやまようぞう》・引揚援護局次長が席に臨んだ。

美山氏は戦時中、陸軍大佐として靖国神社を管轄し、戦没者の合祀を担当する高級副官を務めた。戦後も第一復員省、厚生省に勤務し、戦中・戦後に一貫して合祀事務に携わり、「援護局のドン」と言われた大物である。占領下からの独立後、靖国神社での公式協議に乗り込んだのは、これが最初だった。

この席で、美山氏は東条英機元首相（陸軍大将）と自らの会見記を資料として配布した。終戦直後の四五年八月二十七日、東京都世田谷《せたがや》区用賀《ようが》の東条宅を美山氏が密かに訪ね、戦死者の慰霊について意向を聞き取り、日記に残していた記録だ。GHQから戦犯指定を予期し死を覚悟した東条元首相が、部下だった美山氏に戦後も靖国神社を存続させるよう託す言葉が並んでいた。「靖国神社の処置であるがこれは永久に存続する。（天皇の）御親拝も当然にあることと思う。未合祀の戦死・戦災者、戦争終結時の自決者も合祀すべきである。元来戦争責任者はあっても戦争犯罪者はない。……戦争責任者は犯罪者ではない」

敢《あ》えて旧軍指導者の「遺言」を神社幹部に伝えたのは、陸・海軍省が厚生省に変わって権限を所管していた戦中の上下関係を連想させる。会議の席には、陸・海軍省が靖国神社を所管していた戦中の上下関係は、陸・海軍省が厚生省に変わっても合祀事務の基本は変わっていないのだ、という無言の威圧感が漂ったのではないか。美山氏らの説明を、神社側は黙って聞くだけだった。

二ヵ月後の五八年十二月九日に開かれた靖国神社の崇敬者総代会《すうけいしゃそうだいかい》にも美山氏は出席し、戦犯合祀などについて自ら説明した。

「ここで決定するのではないのですね」

ひと通り説明を受けた後、総代の一人だった小泉信三・元慶應義塾塾長は、ほっとしたように確認した。小泉氏は現天皇の皇太子時代の教育掛である。ちょうど十一月に皇太子と正田美智子さん（現皇后）の婚約が発表されたばかりで、日本中が「ミッチー・ブーム」に沸いていた。初めて皇族、華族出身でない皇太子妃《ひ》が内定し、国民に寄り添う平和主義的な皇室像が歓迎されていた。そんな世情に冷水を浴びせるような戦犯合祀の決定は、いかにも気掛かりだったのだろう。元軍人たちの執念とは反対に、皇室周辺は合祀に慎重だった様子がここにもうかがえる。

一般戦没者の合祀をほぼ終えた翌五九年、靖国神社はＢＣ級戦犯の一部について合祀に踏み切る。これには厚生省側が「重大な誤解を生じ、ひいては将来の合祀にも支障を起す恐れもある。この際今次合祀者中に標記死没者が含まれていることを公表せず、世論と共に極めて自然に推移するよう希望しております」との考えを伝えていた。それでもＢＣ級戦犯の合祀は、精力的かつ計画的に進められた。

興味深いことに、その間もＡ級戦犯については、靖国神社自身ＢＣ級と明らかに区別して、終始慎重であった。六一年八月十五日付の神社の「終戦後における合祀審議の状況」という文書には、A級にだけ「保留」と明記。六四年五月十一日付の「合祀を保留されてゐるもの」には、「平和条約第十一条に依る法務死者　a、A級　b、B、C級で同一の罪で軍法会議でも処断されているもの」と書かれている。六五年十二月九日の「合祀事務に関する打ち合わせ会記録」でも「更に保留となる項目」として「A級及び一般刑受刑者」を挙げている。こうしてみると、靖国神社の合祀において「保留」という手続きが、ごく一般的かつ自発的に存在していたことが分かる。

六六年二月八日、厚生省から靖国神社にA級戦犯合祀十二人の祭神名票《さいじんめいひょう》が送られた後から、国と靖国の打ち合わせ会に変化が表れた。これまで厚生省側は美山局次長が乗り込んだ五七年の二回を除き、出席者は事務官のみか課長補佐止まりだった。それが、六七年以降は合祀担当の調査課長、業務第二課長がほぼ毎回出席するようになる。最後に残された合祀事務の重みと意味を、援護局側は強く意識していたのだ。

祭神名票の送付後、最初の打ち合わせ会が開かれたのは、一年三ヵ月も過ぎた六七年五月八日。そこで初めて「総代会に付議決定すること」という申し合わせがなされた。それまでは総代会に掛けることすらせず、そのままにしていたということだ。

さらに一年八ヵ月後の六九年一月三十一日、総代会が合祀を決めた。ところが、靖国神社調査課が作製した「合祀に関する検討資料」で、それは次のような回りくどい表現で記されている。「合祀可　総代會の意向もあるので合祀決定とするが外部発表は避ける」。しかも、実際の合祀はされなかった。五ヵ月後の六九年六月、国会に靖国神社法案が提出されており、合祀が法案に与える影響について世論や社会情勢をにらんでいたからだ。

決定から、また一年一ヵ月たった翌七〇年二月十日の打ち合わせ会では、靖国神社の木曽登調査部長が「現在保留扱いとなっている事情」を厚生省側に説明している。やはり「合祀事務に関する検討」という文書に「保留名票」「A級、内地未決」「保留扱」「合祀扱ひとするときは両者同時扱ひを至当とする」などの記述が見られる。そして、六月二十五日に開かれた厚生省との打ち合わせ会で「諸状勢を勘案保留とする」と決まり、取り扱いは宙に浮いたままとなった。

靖国神社が国会図書館に提供したA級戦犯合祀に関する新資料は、なぜかここで終わっている。祭神名票送付から四年間の記録だ。そこから実際に合祀されるまでさらに八年かかったが、その間の記録は明らかにしなかった。そのため、これだけ逡巡《しゅんじゅん》した挙げ句、なぜ合祀に踏み切ったのかという資料に裏付けられた真相は依然、不明なままである。

しかし、明らかにされた四年間の経過をたどるだけでも、靖国神社がまさに蝸牛《かたつむり》の歩みにも似た対応を続けていたことははっきりした。松平宮司以来、靖国神社はA級戦犯合祀の理由を「国から送られてきたから、総代会で決定されたから、決められている事務手続きを淡々と執り行った」と説明するが、送付から総代会の決定に至る過程も、総代会決定から合祀に至る過程も、靖国神社内におけるA級戦犯の取り扱いは、「淡々と」進んだどころか、常にためらいながら行きつ戻りつしていた。しかも、このためらい続けた十二年間、問題の扱いは厚生省でなく、靖国神社自身に委ねられていたのだ。この経過と松平宮司の合祀決行には、明らかに大きな落差がある。

第三部　戦後の慰霊の行方

第六章　揺らいだ合祀基準

分祀「できない」のか「しない」のか

「合祀《ごうし》はこちらが頼んだわけではない。普通の人のように静かに弔《とむら》いたい」。靖国神社に合祀されたA級戦犯の十四遺族で、二〇〇六年夏に毎日新聞が連絡の取れた十三遺族のうち八遺族は、十四人の神霊を靖国以外に移す分祀《ぶんし》について、受け入れる意向を示した。靖国神社は「仮に全遺族が賛成しても分祀はあり得ない」と譲らないが、遺族感情を二の次と退ける教学に対し、「天皇と遺族のどちらの意にも反した慰霊とは、一体だれのための慰霊なのか」という素朴な疑問も広がりつつある。

A級戦犯合祀をスクープしたのは、共同通信で厚生省を担当した経験のある三ケ野《みかの》大典《ひろすけ》編集委員（当時）で、記事は一九七九年四月十八日夜に配信された。恐らく後追い取材したのであろう、翌十九日付『朝日新聞』朝刊には、東京都内など一部地域で同じ内容が報じられたが、そこに、興味深い靖国神社のコメントが掲載されている。当時の藤田勝重・権《ごん》宮司が、遺族や関係者に知らせず合祀したことについて「A級戦犯とはいえ、それぞれ国のために尽くした人であるのは間違いなく、遺族の心情も思い、いつまでも放置しておくわけにはいかなかった。なお、不満の人もあることから、いちいち遺族の承諾を求めるものではないと判断し、案内も出さなかった」と述べているのだ。合祀に賛同しないA級戦犯遺族がいることを、神社側は把握していたことがうかがえる。筑波時代の合祀保留は皇室や国民感情、政治情勢への配慮からだったが、松平時代には遺族感情までも無視して合祀に踏み切ったようだ。

分祀論は、中曽根康弘元首相が一九八五年の公式参拝後に提唱して以来、続く議論だ。二〇〇四年三月、靖国神社の湯澤貞《ただし》宮司（当時）は社務所応接室で、自民党の島村宜伸《よしのぶ》元農相と向き合った。二月に中曽根がテレビ番組で「遺族の同意も得られる」と分祀論を再開。中曽根氏の議員秘書だったこともある腹心の島村氏が、使いとして「(分祀しなければ)英霊が最も求めている天皇参拝が得られない」と改めて打診したのだ。「神道の信仰上、分祀はできません」。湯澤宮司はテーブルに「分祀しても元の神霊は全神格を持つ」と書かれた紙を置いてきっぱり拒絶し、「中曽根先生には、むしろ中国を説得していただきたい」と返答。さらに同日付で、分祀を否定する異例の神社見解を発表し、分祀論議の再燃を封印しようとした。

翌〇五年六月、今度は全国八万社を束《たば》ねる神社本庁（東京都渋谷《しぶや》区）が同じ内容の見解を公表した。靖国神社の所属しない神社本庁が、分祀問題で対外的なアピールを出した意図について、本庁関係者は「直前に中国の呉儀《ごぎ》副首相が小泉純一郎首相との会談をキャンセルして帰国したのがきっかけだった。靖国参拝問題が理由とみられ、中国が半《なか》ば公然と分祀されれば参拝を認める立場をちらつかせていたため、神社界として中国の圧力には屈しないという姿勢を示す意味合いがあった」と解説する。事実とすれば、神社界自身が分祀論争をめぐって教学問題を離れ、政治的駆け引きに参加していることになる。本庁がそうした意図を認めなくても、アピール自体が異例だし、なぜこの時期に、という説明は他に見当たらない。

とはいえ、その神社界も一枚岩ではない。〇五年七月、東郷神社（同）の松橋暉男《てるお》宮司（当時）は神社本庁に呼び出され、矢田部正巳総長（同）らから「発言を慎むように」と叱責《しっせき》された。ある週刊誌が松橋宮司の「A級戦犯の十四柱を東郷神社でお引き受けしたい」という「御霊《みたま》分け」の提案を掲載したためだ。「御霊分け」は多くの神社にいくらも先例がある。靖国神社の南部宮司と旧知の仲でもある松橋宮司は、旧友の苦境に一肌脱ごうと助け舟を出したつもりだったが、神社本庁はこれもまた広い意味での分祀に当たるとして「一切口出しするな」と退けたのだ。こう頑《かたく》なになっては、神道の伝統を神社本庁自ら狭めることになりかねない。

これと前後し、井上順孝・國學院大神道文化学部教授（宗教社会学）も、マスコミに「歴史上、祭神の一部を祭らなくする廃祀を行った例もある」とコメントした。神道の見解では、分祀とは本来、ある神社の祭神をろうそくの火を移すように別の神社でも祭ることを指し、A級戦犯問題で俗に言われる分祀は、神道の教学においては「廃祀」にあたる。本庁の見解では、靖国からA級戦犯十四柱の御霊を別に移すには、二百四十六万柱余すべてをいったん廃祀することになるため、実際には不可能だという理屈になるが、井上教授は「分祀は理論上はあるが、神社本庁がやらないと言えば、それが教学である、というのが神道の世界だから」と指摘する。言い換えれば、分祀は「できない」のではなく、現在の神社本庁と靖国神社の立場として「やらない」から「あり得ない」ことになっているだけである、というのだ。神道だけが専門でないとはいえ、神道の知識にも通じた有力な学者の見解だけに、本庁は事実上の機関紙である『神社新報』の社説で、このコメントにより「問題が一層深刻化した」と警告を発した。いずれも小泉参拝騒動の余波ともいうべき現象だが、広い意味での神道界の「身内」からこうした異説が相次いだのは、これまで見られなかった事態だ。

神社本庁は一九四六年に発足した。神職資格を取得するカリキュラムを定めるなど神道界に大きな影響力を持つ。靖国神社を包括していないが、人事や教学を通じて支える。本庁で理論を組み立てるのは教学研究所だ。大学教授や職員OBの宮司など二十五人の教学委員が籍を置き、そのうち三人が運営委員として時々の課題を協議する。靖国問題の担当は、阪本是丸《これまる》・國學院大神道文化学部教授（近代神道史）。分祀否定の二〇〇五年基本見解も阪本氏が執筆した。本庁見解は「出されれば、それで教学が確定したことになる」

（宗教学者）くらい重いものだが、この見解が出された時、別の教学委員たちは会議の中で文案に目を通しただけだったという。実態として、阪本氏に見解作成の全権が事実上、委任されている状態にある。阪本氏は神社新報論説主幹も務め、今日の神道教学における主柱とも言うべき重鎮だ。「中曽根分祀論」以来、これまで政界実力者たちが折に触れて分祀論を唱えるたびに、繰り返し「それはできません」と説明を重ねてきた。

二〇〇六年八月五日夜、阪本氏は大学で私たちの取材に応じた。初めは「靖国神社の議論をすること自体うんざりしているんです」と言葉少なだったが、私たちがA級戦犯合祀の翌年（一九七九年）に書かれたある論文を見せると、身を乗り出し、しばし黙読した後「この時代にきちんとした議論をしていれば状況は違ったのに」とつぶやいた。そして「これについて私は語れない。語ったら、いろんなものが壊れていくだけです。私は単なる神社本庁のプロパガンダをやっている男に過ぎない。間違っていようが正しかろうが、お祀《まつ》りしてしまった。合祀の過程は国がやったんだ」と、愚痴とも弁明とも取れることを言い出した。教学の主柱の強い反応を引き出した論文とは何だったのか。

神道史大御所の靖国批判

A級戦犯合祀《ごうし》は一九七八年十月、松平永芳《ながよし》宮司が人知れず敢行した。翌七九年二月、当時の神社新報編集長だった葦津泰国《あしづやすくに》氏は、意を決して松平宮司に面会を申し入れた。「職員が帰ってから来てくれ」と言われ、社務所応接室を訪れたのは夜だった。

「問いただしたい。靖国神社が（世論の支持の下に）国家護持された暁に晴れて（A級戦犯を）合祀するというのが祭祀制度調査委員会の一致した考えだった。ご存じか」

　靖国神社祭祀制度調査委員会は、神社の国家護持について神道の立場から専門的な検討を重ねた宮司の諮問《しもん》機関。六一年に設立され、泰国氏の父で思想家の葦津珍彦《うずひこ》氏（九二年に八十二歳で死去）は中心メンバーだった。神社の独断専行によるA級戦犯合祀には、同会委員たちも反対していたとされるが、松平宮司は諮問した委員たちにも相談なく合祀に踏み切った。無断で合祀されたと知った珍彦氏は、自ら直接面会するのは影響が大きすぎるとはばかり、子息の泰国氏を名代として遣《つか》わし、難詰したのだ。

　だが、白い上衣に紫のはかまという職務着のままでソファに身を沈めた松平宮司は「国から名簿が来たら合祀する。それが筋だ」と譲らず、後は「筋だ、筋だ」と繰り返すばかりで、それ以上語ろうとしない。泰国氏は空しく父親にその様子を報告するしかなかった。合祀を世間が知るところとなったのは、それから二ヵ月後のことだった。

　葦津珍彦氏は、在野の神道史研究の大御所で、神社本庁創設の中心人物。戦前は東条内閣批判のビラを国会の議場でまいた。検挙された経験もある。戦後の六一年、左派系の雑誌『思想の科学』の天皇制特集号に、天皇制を支持する論文を寄稿したところ、中央公論社が無断で雑誌ごと廃棄処分してしまった「思想の科学事件」の渦中の人でもある。

調査委員会が設置されていたのは六一年から七六年まで。国家護持法案の顚末《てんまつ》を、六九年の国会初提出以前から七四年に五度目の廃案となって消えた後まで見届けた。A級戦犯についても、六六年の祭神名票《さいじんめいひょう》送付から「宮司預かり」とした七〇年の総代会までをカバーしている。ただし、松平宮司による合祀実行は、委員会がなくなった後だ。

委員会が設置されたころ、世間には依然として戦争指導者への批判が渦巻いており、A級戦犯の合祀は靖国批判に火をつけかねない情勢だった。当時の筑波宮司が調査委員会を設けたのは、葦津珍彦氏らに自分に代わって総代会の青木一男・元大東亜相ら合祀強硬論を抑え、「国家護持が先だ」と説き伏せてもらう狙いもあったとされる。

ところが、筑波宮司の後任、松平宮司による「抜き打ち合祀」が起きて、葦津珍彦氏は七九年七月、雑誌『小日本』に匿名《とくめい》で「信教自由と靖国神社／戦犯刑死者合祀の難問」と題する論文を載せた。この中で「国の公式命令による戦没者」に限定した「靖国合祀の条件」があると主張。「神社にせよメモリアル（国家施設）にせよ一定の限界を立てることは極めて大切だ。国に功のあった人を片端から祭れなどの俗論も聞くが、表敬者の心理集中を妨げる」と論じた。さらに、松平宮司らが極東国際軍事裁判（東京裁判）を否定し、A級戦犯の処刑も「戦死」であると主張するのに対し、「それならば東京、広島、長崎、旧満州（現中国東北部）はじめ外国軍に殺された一般市民が五十万人以上もある。その

『限界』はどうなるのか。悲惨な敗戦へとミスリードした責任もある」と批判的見解を例示した。神道信仰や戦争責任を問う立場から、A級戦犯合祀に疑義をぶつけたのだ。

葦津氏は膨大な著述の大半を、自らの信条に基づき匿名で執筆した。それでも当時の神道界では、その圧倒的な筆力と超人的な筆量から、関係者には葦津論文であることは自明のこととされていた。しかし、この葦津論文は、神道陣営内での靖国批判にならないよう注意深く婉曲《えんきょく》なロジックとレトリックを駆使したためか、松平宮司ら当時の靖国神社から黙殺されたようだ。

そこで、葦津氏は八〇年五月、今度は宗教紙の『中外日報』に、「靖国神社問題を考える」と題し、計五回にわたって靖国神社国家護持への取り組みなどを振り返る長文の連載記事を執筆した。あえて実名を出した葦津氏としては異例のスタイルだ。その筆致は、過去の議論や配慮の積み重ねを無視して関係者にも秘密のうちに合祀を実行し、結果として葦津氏の国家護持理論をも破綻《はたん》させた靖国神社への批判と失望に満ちている。

――昨年たまたまA級政治戦犯が合祀されるとのニュースを見た。しかも一流の某週刊誌には、そのニュースとともに、今では靖国神社は国家護持を望んでいないとの記事が出た。これは護持理論を主張してきた私にとっては、非常にショックであった。……この「政治」戦犯犠牲者合祀については、私は委員に参加のころに同意しかねた。「靖国神社が、宗教法人としてならば、政治戦犯合祀をするのも全く自由であるが、これは前例の確たるものもないし、神社が国家護持を目標としている限り、事はきわめて重大である。国家護持ができて後に、公に国民のコンセンサスの上で決すべきだ。これは伝統祭祀を少しも変えないで来た、とする主張とも相関連するし、少なくとも今はその時ではあるまい」とした。……この政治的犠牲者合祀決定や、週刊誌報道は、私の靖国国家護持論にとって必須の前提条件と信じていたものを打ち消したかにも見える。

神社本庁で教学の理論的主柱の立場にある阪本是丸・國學院大教授は、論文作成を手伝うなど葦津珍彦氏直系の弟子だった。当然、七九年と八〇年の葦津論文の内容を熟知している。しかし、阪本氏が執筆した本庁の二〇〇五年見解は「合祀は国会と政府の措置に基づく。戦犯は犯罪者ではない」と主張。師の教えとは異なっている。しかも、阪本氏ら現役の神道学者たちは、大先達である葦津珍彦氏の主張を、今日なかなか理論的に説明しきれない。

私たちは神道関係者から教えられて七九年の葦津論文を見つけ出し、阪本氏に見せた。そして、師弟の見解の矛盾についてただしてみた。私たちの疑問と指摘に阪本氏は驚いた後、じっと考え込んで「先生のおっしゃる通りだ。でも、もう過去の人です」と苦しげにつぶやいた。確かに神社本庁の気風は、葦津氏が創設したころとは大きく様変わりし、直情径行的な政治主義の傾向を強めている。そこで理論作製を担わせられる阪本氏の表情には、理論の一貫性と組織の政治性の板ばさみに遭って責め苛《さいな》まれる苦悶《くもん》の表情が浮かんでいた。

作家、山中恒《ひさし》氏が発見した旧陸軍内部文書の写しによれば、合祀されたA級戦犯の一人、東条英機元首相は敗戦前、靖国の合祀対象を「死没の原因が戦役勤務に直接起因」する軍人・軍属に限るよう指示していた。A級戦犯を祀《まつ》る靖国神社の現在の主張は、少なくとも本人の生前の命令からも外れていることになる。それとも東条は靖国の存続を望んだだけでなく、刑死した自分も軍神としてそこに祀られてしかるべきだと考えていたのだろうか。

九五年十二月、オウム真理教事件で再燃した宗教法人法改正に関し、参議院の特別委員会で参考人質疑が行われた際、出席した神社本庁の岡本健治総長（当時）は「神社信仰には教義がない。（教義を宗教の要件とする法は）信仰への迫害でさえある」と主張した。参考人として隣に座って聞いていた洗建・駒沢大名誉教授（宗教学）は「自分たちだけは特別という意識」に強い違和感を感じたという。

A級戦犯合祀は、世論や政治情勢、皇室の意向だけでなく、戦後の靖国神社のあり方と国家護持の展望、それと関連する合祀基準の条件・範囲に照らし、そもそも内在的な自己矛盾を抱えていた。そのことは、A級戦犯の祭神名票が送付され「宮司預かり」となった時期、国家護持法案が国会の争点だった当時から、靖国神社や神道界の専門家たちがはっきりと指摘していた。合祀保留の判断は、こうした重層的検討の上に成り立っていたが、それと知ってか知らずか、松平宮司は合祀を断行。その後、様々な後付けの理屈を持ち出して今日に至っている。しかも靖国問題が政治の焦点となるにつれ、いつの間にか「神道全体への攻撃だ」とばかりに、神社本庁までもが靖国擁護の隊列に加わり、最前列で政治的行動を展開するようになった。

「このままでは神社界全体が靖国と一緒に沈みかねない」。葦津珍彦氏に近かったある現役宮司は、私たちの取材にこう慨嘆した。

阪本是丸教授は、新聞の連載終了後、改めて私たちの取材に応じ、二〇〇六年の八月二十八日付『毎日新聞』朝刊にインタビューが掲載された。神道教学の権威が、A級戦犯合祀に対する「わだかまり」を率直に認め、小泉参拝の騒動をはっきり批判している。神道界も「靖国問題」に苦悩している実情を初めて明らかにした貴重な証言なので、ここに再録する。

――恩師である思想家、葦津珍彦氏(92年死去)は、在野で戦後の神道界を導いた人ですが、78年のA級戦犯合祀に「一定の限界(基準)を立てることは極めて大切」と疑義を示していました。

「当時の葦津先生と現在の私が一見対照的に見られることは否定しません。ただ、私たちは当時、靖国の国家護持実現を何より優先していた。しかし、すでに民間の宗教法人として60年の歳月を重ねており、その立場からの論に食い違いがあるとは思いません。先日、門弟そろって神奈川県鎌倉市の墓前を訪れ、先生のご遺志を次代につなごうと確認したばかりです」

――国家護持と合祀の是非との関係は。

「合祀に踏み切った松平永芳元宮司は、後に国家護持を否定し『国民総氏子』を唱えたが、当時ははっきりしなかった。葦津先生の指摘は、宗教法人で行くならA級戦犯合祀も憲法上の信教の自由だが、国家護持を目指すなら、戦前からの合祀基準に照らしてA級戦犯がふさわしいか賛否両論ある。一宗教法人が決めるのでなく、国家の意思が定まるのを待つのが穏当だったという論です」

――靖国の合祀基準は一貫していたのですか。

「公務に従事し、国の命令や法に従って戦争で亡くなった戦没者等を祭るのが靖国です。基準は変わっていないが、祭る対象が変わってきた。明治の創建当時は、戊辰戦争の戦没者と並んで、政府の布告に基づき、幕末の動乱に倒れた坂本竜馬ら『国事殉難者』も祭ることにした。政府には一人一人がどう生きて、どんな形で亡くなったのか詳細な記録があった。人の生き死にを大事にしていたわけです」

――A級戦犯は戦争指導者であるだけでなく、刑死者も病死者もいます。葦津氏はそこに疑義があったのではないですか。

「当時、靖国は合祀の経緯を公表していなかったので、そう思われたかも知れません。私はA級戦犯とされた方々の御霊を大事にしたいと思っていますが、幕末と同じ『殉難者』という分類では、国民の間に釈然としない思いもあると思うんです。もっとも、靖国は246万の戦没者を一つの祭神として祭っているので、歴史的事実から言っても『分祀』は不可能です」

――合祀後、靖国や日本遺族会は首相の公式参拝を要求してきました。葦津氏は80年、宗教系新聞への寄稿で「私の考えたロジック（論理）とは異なる」と距離を置いています。

「当時、国家護持という目的を実現する手段としての公式参拝運動なのか、それ自体が目的なのか、きちんと議論されていませんでした。公式参拝が定着し、国民の間に『わだかまり』がなくなれば、その先に再び国家護持の可能性が見えてくるかもしれない。葦津先生のお考えも変わっていったかも知れないが、そこは分かりません」

――葦津氏の公式参拝運動への疑問は、靖国をめぐる今日の世論の分裂を予見していたように思えます。

「葦津先生は、靖国が自ら公益法人になった後で国家護持を目指す二段階論を唱えていましたが、実現しなかった。国民の間に合祀への『わだかまり』が残っているとするならば、慰霊という個人の魂の問題と、いわゆる戦争責任や侵略戦争論など国家次元の問題が互いにへばり付いてしまっている状況を根本から考えなければならない」

――歴史博物館「遊就館」もわだかまりを再生産していると言えませんか。

「靖国を支える人たちが共通の歴史観を発信したい思いは当然ですが、静かな祈りの場であるべき靖国自身がそれをやるのがベストなのかどうか。もっといい方法もあるのではないかとも思います」

――小泉参拝の5年半をどう総括しますか。

「責任ある立場の人がぶれなければ、世論もここまであたふたしない。靖国をどうするか、理想とする戦没者慰霊はこうだという信念を示せばいいのに、そこがないから何をしたかったのか分からない。一種のトリックスター（神話や民間伝承のいたずら者）だと思う。ただ、この状況をどう打開するのかという問題意識を国民に残してくれたと思っています」

もう一つの「座」と悲劇の宮家

A級戦犯合祀《ごうし》後、靖国神社が外部の分祀《ぶんし》論に対し「なぜ分祀はできないか」を説明するため繰り返し使ってきたレトリックがある。一つは先にも少し触れた「ろうそく論」、もう一つが「座布団論」だ。「ろうそく論」は、神道上の分祀をろうそくの火を別のろうそくに分ける現象になぞらえる。たとえ分祀したとしても、元のろうそくの火は消えないから意味はない、という説明だ。

湯澤貞《ただし》元宮司が島村氏に「分祀しても元の神霊は全神格を持つ」と書かれた紙を示したのも、この論理を用いている。それでも食い下がる分祀論者に、あくまで分祀は不可能なのだということを呑み込ませるには、補強として「座布団論」を持ち出す。「座《ざ》」とは神道で祀《まつ》る神を数える単位。靖国の二百四十六万柱の祭神はA級戦犯も含めてすべて「同じ座布団」（＝一座）に座っており、A級戦犯十四柱だけを別の座に移すことはあり得ない、とする。

「でもね、本当は靖国神社には座が二つあるんですよ」。「座布団論」を話す時、神道研究者たちは声をひそめて、こう言い添える。戦犯を含む戦没者の座以外に、二柱だけを祀るもう一つの座の存在を公然と認めれば、靖国神社による「英霊は皆同じ一つの座布団に座っている」という説明に水を差すことになるからだ。さらに、二百四十六万柱の一座と分けて、たった二柱だけを祀るもう一つの座の存在は、そもそも靖国神社の合祀基準から外れているのではないかという疑念を抱かせるからだ。しかも、A級戦犯合祀が合祀基準から逸脱しているかもしれない一方で、この二つ目の座を設けたのは、A級戦犯合祀を生涯保留し続けた筑波宮司その人であった、というねじれも生じるからだ。

神社本庁の分祀否定の見解をまとめた阪本是丸《これまる》・國學院大教授ですら、こうした疑念やねじれを認めざるを得ないという見解を示す。二〇〇六年夏、私たちの取材に対し、阪本教授は二番目の座を合祀した筑波宮司について、言葉を選びながら次のように語った。

「筑波宮司は平和運動のような自分の政治的考えで、靖国神社という公の場所に作るべきではない鎮霊社《ちんれいしゃ》を作り、さらに北白川《きたしらかわ》さんをお祀りになった。この二つで明らかに靖国神社の性格を変えている」。靖国神社の神道教学上の理論を支える中心人物が、靖国神社に合祀されていない国内外の戦没者を祀った鎮霊社と「北白川さん」の合祀は、教学理論上の統一性にひびを入れる存在だとして頭を抱えているのである。

別の宗教専門家は「北白川合祀」について「靖国神社の合祀基準を歴史的に転換させ、靖国神社の宗教的な意味合いをも変える事件だった」と指摘した。これは一九五九年十月四日、筑波宮司の指揮により、皇族である北白川能久《よしひさ》親王とその孫の北白川永久《ながひさ》王が合祀された事跡を指す。

能久親王は台湾で戦病死、永久王は中国で戦闘訓練中に事故死した。二人の合祀が「歴史的転換」だったことについては当時、靖国神社が自ら晴れがましく記録している。二人を合祀した直後、五九年十月十五日発行の社報『靖国』は、一面トップの扱いで「靖国神社に始めての皇族合祀」の見出しをつけ、以下の文章を掲載した。「国難にあたって戦死せられた英霊は残らず靖国神社に合祀せられることは国民の常識であった。同じく戦死せられながら皇族なるが故に靖国神社にまつられない制度が嘗《か》ってあった事は案外に知られていない。しかし今やその制度も廃止され、……今回……両殿下が靖国神社に鎮祭せられたことは、神社に新らしい歴史の一頁を加えるものである」。

ところが、「新らしい歴史の一頁」と高らかに宣言したにもかかわらず、現在の靖国神社にはその名残も見出《みいだ》せない。遊就館《ゆうしゅうかん》では能久親王と永久王の遺影と、軍帽や軍刀などの遺品を展示しているが、「皇族の御祭神」と題して添えられた展示パネルには、素っ気なく「靖国神社には二柱の皇族の英霊が合祀されている。どちらも戦地に出征されて戦没されたかたである。昭和三四年十月、支那事変、大東亜戦争の戦没者合祀が概了するにあたって、とくに宮中の御聴許を得て、戦前からの国民の熱望が実現された」とあるだけだ。文中には名前や経歴すら明記していない。「北白川合祀」が靖国神社のタブーの一つであることをうかがわせる。

もともと戦死した皇族は少ないが、この二人は、一編の小説になりそうなほど劇的な生涯を送った。東京都千代田区の北の丸公園には、今も騎馬姿の北白川能久親王の銅像が建つ。陸軍軍医だった森鷗外が編集した『能久親王事蹟』、ドナルド・キーン『明治天皇』などが、その波瀾《はらん》万丈の生涯を紹介している。

　親王は、一八四七年、京都で伏見宮邦家《ふしみのみやくにいえ》親王の第九子として生まれ、仁孝《にんこう》天皇の猶子《ゆうし》（公家における養子の一種）となった。孝明《こうめい》天皇の義弟となり、後の明治天皇の義理の叔父《おじ》にあたる。仏門に入り、江戸に移って輪王寺（日光）の門主《もんしゅ》となったのにちなみ「輪王寺宮《りんのうじのみや》公現《こうげん》親王」と呼ばれていた。しかし一八六七年、第十五代将軍徳川慶喜《よしのぶ》が大政奉還する。翌六八年、慶喜から朝廷に帰順するための嘆願を求められ、親王は江戸から京都に出向いた。道中、出くわした官軍から輿《こし》に銃剣や槍《やり》が突き立てられる惨めな上洛《じょうらく》で、嘆願もはねつけられた。

　仕方なく江戸に戻るが、戦乱は激しくなる一方。親王は官軍から懸賞金付きの捜索願いが出され、江戸市中に掲示札を立てられる身となった。変装してようやく会津に逃げ延びると、藩主松平容保《かたもり》の提案で奥羽列藩同盟の盟主に就かされた。賊軍の大将である。会津史学会会長だった宮崎十三八《みやざきとみはち》氏によれば「宮が盟主に就任した（六八年）六月十六日から『大政元年』と改元し、宮を即位させて『東武皇帝』と称する構想もできていた」という。仮に実行されていたら、天皇と叔父である「皇帝」が二人並び立つ事態になるところだった。九月、東北諸藩は次々と降伏。輪王寺宮は陳謝状を提出したが、親王の称号は停止、皇族の身分も剝奪され、京都で一人謹慎することとなった。

約一年後に赦免されて皇族の身分に戻り、七〇年に還俗《げんぞく》して「能久王」となると、前半生から一転、今度は陸軍軍人としての新たな人生が始まった。同年末から陸軍学を学ぶためにプロイセンに留学し、滞在中に北白川宮家を相続する。七年近い留学を終えて七七年に帰国、陸軍戸山学校に入り、親王の称号も復帰した。九五年、日清戦争で中国大陸に渡った後、下関条約で清から日本に割譲された台湾の接収の命を受ける。台湾北部に上陸して五ヵ月間南下を続け、近衛師団長として独立を求める抗日武装勢力との激しい戦闘を指揮したが、マラリアにかかって高熱や嘔吐《おうと》などに苦しみ、九五年十月二十八日に死去した。皇族が外国で戦死したのは、これが初めてだった。

死因については異説もある。例えば台湾の抗日ゲリラ隊長だった林水盛氏の息子、林歳徳氏は『私の抗日天命―ある台湾人の記録』で、父から聞いた話として、北白川能久親王は義竹という地区のサトウキビ畑で待ち伏せしていたゲリラ軍に追いつめられて刀傷を受け、十月十二日に死去したと証言している。

先の森鷗外の『事蹟』では当時の部下らが宮内省や宮家の資料などをもとに能久親王の死に至るまでの病状を克明に描いており、何度の高熱が出たか、どういう症状が出たかまで具体的な記録がある。死因は国内で伝えられている通りのマラリアだったとしても、林氏の証言は当時の台湾がそれだけ抗日武装勢力から激しい攻撃が続く危険な地域だったことを裏付けている。能久親王の曾孫《ひまご》である北白川道久《みちひさ》・前伊勢神宮大宮司によると「幕末のときに本意ではないにしろ朝敵の名をこうむったということで、その汚名挽回のため（本来行くはずだった）伏見宮様に代わって台湾に出征した」（広岡裕児『皇族』）という。

能久親王の孫である北白川宮永久《ながひさ》王は一九一〇年生まれで、能久親王の死後、北白川宮家を相続した成久《なるひさ》王の長男。二三年に成久王が渡仏中に交通事故死したため、宮家を継いだ。陸軍大学卒業後の四〇年、日中戦争中の蒙疆《もうきょう》（モンゴル・ウイグル）方面に赴任。中国北部や中部の第一線に陣中見舞いをするなど各地をまわったが、九月四日に張家口《ちょうかこう》での軍事演習中、墜落してきた日本軍の軍用機の下に巻き込まれる突然の事故により、わずか三十一歳で死亡した。

ひつぎが東京の北白川邸に戻った時、母房子さんは家臣たちに「たとえ宮殿下は御戦死になっても、尊い名誉の御凱旋《ごがいせん》であるから、心の中で万歳を唱えてお迎えするように」と気丈に言いつけ、四歳の長男道久さんが日の丸の旗を振って父を迎えたという。このエピソードは当時、新聞報道などで広く伝えられ、多くの日本人の涙を誘った。唱歌の「嗚呼《ああ》北白川宮殿下」や童謡の「尊い宮さま」にも歌われた。北白川宮家は当主が三代続けて国外で病気や不慮の事故で客死したため、「悲劇の宮家」と呼ばれる。

臣下のための「別格」官幣社

能久《よしひさ》親王、永久《ながひさ》王の死の反響は大きく、国会での建議などを受けて戦死した台湾と中国で祭神として祀《まつ》られることになった。戦前、大日本帝国統治下の海外各地には神社が盛んに「輸出」された。特に昭和十（一九三五）年代以降の満州や朝鮮、台湾、南洋などでは、現地住民のいわゆる「皇民化運動」と神社の海外進出とが連動していた。そうした時代状況の下、能久親王は台湾神社（終戦直前に神宮に格上げ）をはじめ、台湾各地にできた日本の主要な神社のほとんどに祭神として祀られ、日本の台湾統治の象徴となった。日本が台湾に設置した神社は終戦で廃止されたため、神社数は記録によってばらつきがあるが、神社本庁が戦後、日本が海外に建てた神社を調査した結果、台湾には官社四社、民社六十六社の計七十社あった。このうち能久親王は少なくとも六十社以上の神社で祭神として祀られていたという（菅浩二『日本統治下の海外神社』）。

一方、永久王を祭神とする蒙疆《もうきょう》神社も戦死した翌一九四一年九月、中国の張家口《ちょうかこう》に建立され、鎮座祭が行われた。永久王の養育係だった当時六十歳の梅田次郎氏が蒙疆神社の宮司になるため中国に渡った。当時の新聞は「王の御霊《みたま》に奉仕　蒙疆神社に余生捧げる梅田氏」「蒙疆神社建設　御堂守《も》り役に梅田一家渡支」などの見出しで美談として報じた。

こうして祭神に祀り上げられた二人の皇族は、敗戦によって死後も再び悲劇に遭遇することになる。台湾各地の能久親王を祀った神社は廃止、破壊された。神社本庁には戦後、日本に引き揚げてきた海外の神社の神職たちから、これらの神社の最後の報告を集めた非公開記録がある。これを閲覧した神道関係者によると、台湾では鏡などの神体は、あるいは地中に埋められ、あるいは海に流され、さらには焼却されたという。戦時中、中国、朝鮮半島、台湾、南洋諸島に日本が建設した神社は八百社とも言われるほどの多数に上ったが、その最後はどこでもおおよそ同じ光景だったようだ。

その土地の信仰にかかわりなく帝国日本の「統治機関」の一種として建設し、崇《あが》め奉るよう現地の人々に強制し、促してきた数多《あまた》の荘厳な神社は、今日こうしてほぼことごとく消滅した。各神社の神体を神職たちが放置したのは、多くの神社が日本の侵略行為の一翼を担ったことから住民たちの報復を恐れ、脱出時の身の安全を考えたためであろう。日本に神体を持ち帰る例は極めて珍しかったという。例外的に大連《だいれん》神社宮司がソ連兵を説得して山口県下関《しものせき》市の赤間《あかま》神宮に持ち帰ったケースなどがあるが、蒙疆神社の梅田次郎宮司も、わざわざ派遣された忠臣らしく自ら神体を守って日本に逃げのびていた。

八一年十月の『神社新報』には、永久王の神体は「宮司が捧持し、（八月）二十日張家口を出、二十四日北京より飛行機で内地に帰還」したとある。陸軍省高級副官、美山要蔵《みやまようぞう》氏が残した日記にも「北白川永久王をまつった蒙疆神社の御神体は、梅田宮司が奉持して二十四日、北京に無事到着し、爾後《じご》、南京へ奉遷の御予定である」（八月二十八日）とある。二十日に張家口を出発したとすると、わずか三日後にはソ連軍が入城、中国共産党八路軍はさらに一足早く市内に入っていたとも言われ、まさに間一髪の脱出劇だった。

その後の行方について、『靖国神社百年史』は「蒙疆神社に奉斎された北白川宮永久王の霊璽は、戦後同神社の廃絶に伴い、埼玉県大宮市の氷川《ひかわ》神社に奉安される」とだけ記録している。氷川神社には記録がなく、地元の『埼玉新聞』をめくると五二年八月九日付で「悲劇の宮家北白川永久王の終戦秘録　氷川様にご遺骨　〝蒙疆神社〟から移す」という見出しの特ダネ記事が見つかった。それによると、終戦直後の混乱の中、神祇院《じんぎいん》副総裁の飯沼一省《かずみ》（元埼玉県知事）が「氷川神社が安全だと思いつき、秘密裏《り》に準備が運ばれ」、四五年十月八日、「有賀（忠義・氷川神社）宮司ほか六名の神官と宮家親戚総代として徳川国禎氏それに梅田宮司、武田［竹田？］宮家事務官、内務省高官某らわずか十名たらずの関係者のみでこっそり遷祀《せんし》安置を終えた」。その後も「他にもれることを極力防止していたため今日まで関係者だけが、人目をさけて参詣している」状態だったという。

報道後の十月三日、北白川家の願い出により、永久王の神体は氷川神社から靖国神社内の元宮に移され、「奉遷祭《ほうせんさい》」が行われた。元宮とは、幕末に京都祇園社で津和野藩士らが国事殉難者《こくじじゅんなんしゃ》を祭った祠《ほこら》で、後に靖国神社に移築された。一時、梅田宮司らが寄付金を募って蒙疆神社の再建を目指したが、断念したという。永久王の妻、祥子さんが十月十三日の第一回崇敬者総代会《すうけいしゃそうだいかい》で総代となり、翌五三年十一月には靖国神社奉賛会の初代会長に選ばれるなど、戦後の靖国神社と関係が深かった事情もあったのだろう。ちなみに永久王の母で明治天皇の第七皇女である房子さんも伊勢神宮祭主や神社本庁総裁を歴任している。

終戦から七年後、元宮に移されたものの、実際に合祀されたのは、さらに七年後の五九年だった。時間がかかったのは、戦前からのいきさつがあったためだ。筑波宮司は五九年十月の社報『靖国』で「皇族奉斎の事は既に永久王が薨去《こうきょ》された時御遺族からの強い御要望で、宮内省並に神社を所管の陸海軍省にて研究された結果、別格官幣社《べっかくかんぺいしゃ》である靖国神社に奉斎する事は出来ないし、又仮に同境内に官幣中社靖国宮を創立する事にしても、戦局はそれを許さない実情にあったため、その事は遂に実現を見ないままに終戦を迎えた」と報告し、戦前にいったん合祀不可の結論が出ていたことを明かしている。

靖国神社には、永久王が戦死した二年後の四二年六月以降にまとめた「皇族奉祀ニ関スル調査綴」と題する非公開資料がある。四二年夏、永久王を靖国に合祀しようという動きが持ち上がり、陸軍省、海軍省、宮内省、神祇院、靖国神社の関係者が集まって協議を重ねたが、結論を得られなかったことが記録されている。靖国を別格官幣社から官幣大社に昇格させ、皇族の合祀も認めるよう求めた「神社昇格ニ関スル書類」「靖国神社昇格請願書」などの非公開資料もあり、皇族の合祀へ道を開こうという運動もあったという。

戦前の神社は、社格制度によりすべて序列化されていた。靖国神社は別格官幣社だが、「別格」とは、一般の官幣社（官幣大・中・小社）より格が低いことを意味していた。戦前の三七年に発行された『神道大辞典』（平凡社）は、官幣社すなわち一般の神社を「歴代天皇及び皇族を奉祀せる神社」か「歴代皇族の崇敬顕著なる神社」と説明する一方、別格官幣社を「国家に特別顕著なる功労ある臣下を祀った神社」と定義している。社格は天皇との関係の違いに応じて決まり、靖国神社はあくまで天皇の臣下のための神社だった。当然、ここに皇族を合祀することはできない。

　戦後、社格制度がなくなってからも、天皇や皇族にかかわる合祀基準は厳しい。神社創建の趣旨が根底から変わってしまうからだ。一九五九年二月十六日、筑波宮司は宇佐美毅《たけし》宮内庁長官に「北白川能久親王殿下竝《ならびに》同永久王殿下奉斎に関する御願」と題する「靖国神社宮司願書」を提出し、「（台湾や蒙疆の神社が）廃祀の厄に偶はせ給ひ、以って今日に至りましたる事は洵《まこと》に遺憾の極《きわみ》」と訴えたが、宮内庁はすぐにはこれを認めなかった。靖国神社に残されている文書には朱色で「宮内庁掌典職より連絡あり、本文末尾に（略）左の通（り）追加挿入の上、再提出到（す）可（く）候」との注意書きが書かれ、その追加文案は「両殿下の奉斎に当たりましては、新なる御霊代（神鏡）に招魂申上げ、（略）左側に一座を設け、従前の御霊代一座を右側として奉斎申上げ、当神社の御祭神は二座のことに到し度《たし》……」となっている。合祀を認めるにしても、すでに祀られている天皇の臣下たちの座とは別に、皇族のための一座を新たに設けること――。破格の措置を条件として示したのは宮内庁だった。

筑波宮司の願書から半年後の十月四日、北白川家の二人の合祀が執り行われた。午後二時から清祓《きよはらい》と合祀奉告祭があり、午後七時からの招魂鎮祭《しょうこんちんさい》の儀では、招魂斎庭での招魂の儀の後、二人の「霊」を招く御羽車《おはぐるま》が本殿に入り、霊璽簿《れいじぼ》が本殿内に新たに設けられた二つ目の「座」に安置された。儀式には筑波宮司以下神職が居並び、遺族、永久王の同期生（陸士四十三期）ら六十人以上が参列。氷川神社で総勢十人足らずが密《ひそ》かに行った奉遷祭に比べると格段に盛大で、時代の移り変わりを反映していた。

この時期、二人の合祀が行われたのは、第二次世界大戦で戦死した多数の軍人、軍属の合祀作業が、五九年までにほぼ終了した事情があったと考えられる。この頃、全国各地の護国神社で「合祀概了奉告祭」が開かれた。靖国神社も同年一月一日発行の社報で「大東亜戦争を含めて殉国の霊二〇〇万余柱の合祀が本年に於て特異の事例を除き概ね完了する」と報告。筑波宮司は「四月の臨時大祭を以って、従来の基準による大東亜戦争関係者の合祀もほぼ完了し……今回の合祀となった」と社報で説明している。

「合祀概了」の前後から、従来の合祀基準とそぐわない合祀が他にも行われるようになった。前年の五八年秋の例大祭では第二次世界大戦後初めて自決者百四十人が合祀された。戦前なら合祀されることはなかった人々だ。満蒙開拓団員や沖縄戦で死亡した県民、軍需工場に動員された労働者などの民間人約一万人も、この時合祀されている。五九年からは厚生省からBC級戦犯の祭神名票が送付され、四月の例大祭で合祀されている。

戦前、靖国神社の合祀基準を決める審査委員長でもあった元陸軍省高級副官の美山要蔵《みやまようぞう》氏は、五九年、戦犯遺族を引率し、昭和天皇と面談した時の模様を陸軍将校のOB組織「偕行会《かいこうかい》」（現「偕行社」）の機関誌『偕行』に載せた。この中で、戦犯の合祀に強い期待を寄せるとともに、記事の主題とは直接関係のない二皇族の合祀について、わざわざ文尾に「靖国神社は本年、北白川宮能久親王および永久王の二柱も合祀して宮様と臣民が同列に祭られることにもなった」と付記している。だれよりも原則を熟知していた美山氏は、戦後の靖国が合祀基準の拡大へ向かう流れを正確に見通していたのであろうか。

だが、いったん合祀基準を広げると、「基準外」の死者も合祀してもらえるのではという期待を際限なく呼び込みかねない。A級戦犯合祀も、こうした布石の上に可能になったのではないか。「北白川合祀」より二年前の五七年、神社本庁の機関紙『神社新報』に合祀基準の問題に関する論文が掲載されている。この頃は神社界で、そもそも合祀基準に照らしA級戦犯は合祀されるべきかどうかが普通に議論されていたことを示している。

「天皇の臣下」という認定

戦後、合祀《ごうし》基準が事実上なし崩しになっていったのは、国の管理を離れたのが大きな原因かもしれない。だが、靖国神社の合祀基準は、そもそもの明治の創建当初から政治情勢や権力の都合により曲折を重ねてきた。代表例が、明治維新前夜の一八六四年、長州藩士が会津藩士らの守る皇居（現在の京都御所）を攻めた「禁門《きんもん》（蛤御門《はまぐりごもん》）の変」における戦死者の扱いだ。政変で失脚した長州藩主父子の冤罪《えんざい》を訴えるため、長州の部隊が会津、彦根、薩摩などの兵が守る禁門（禁裏＝皇居の御門）に詰めかけたが、長州側が総崩れとなって遁走《とんそう》、二百九十四名が戦死し、百一名が敗走中殺された。幕府側の死者は百六名、うち五十八名は会津藩士だった。

ところが、明治になって靖国神社の前身である東京招魂社《しょうこんしゃ》ができると、政府は長州側の戦没者だけを合祀し、会津側の死者を祀らなかった。本来勤王である長州兵の発砲は作戦上のやむをえない不祥事で、朝廷に害を与える意思はなかったが、会津兵らは実質は勤王の敵だったから合祀しない、というのだ。「会津兵も合祀すべきだ」という意見もあったが、長州出身の元老・井上馨《かおる》は「それも道理だが、そんなことをすれば、靖国神社の社殿の中で、長州と会津とがまた蛤御門の変を繰り返す」と退けた。

こうなると「靖国神社に祀る祭神は、実際に忠臣だったかどうかより、死後に天皇の臣下だったと認定することで、軍人や遺族の不満を抑え、慰撫する仕組みだった」（宗教学者）という見方も出てくる。日露戦争でロシア海軍を破った東郷平八郎元帥は戦死でなかったので合祀されず、明治天皇の崩御後に自決した乃木希典《まれすけ》大将も忠臣ではあったが合祀されなかった。戦後「靖国の祭神は生前の身分や階級に関係なく同じ祭神として平等に祭られる」とされたが、「北白川合祀」によって「天皇の臣下でない皇族を合祀できるなら、やはり臣下でないとされた会津兵など賊軍だって合祀していいではないか。能久《よしひさ》親王はそもそも賊軍の盟主だったではないか」と疑問を突きつけられる隙《すき》ができたのである。

「北白川合祀」では、遺族の意向が尊重された問題もある。靖国神社は合祀直後の社報で「(一九四〇年に)永久王が薨去された時、御遺族からの強い御要望で(合祀の是非が)研究された」と説明。実際に合祀された五九年にも「北白川宮両殿下を靖国神社に合祀する事は、御遺族はもとより、心あるひとびとの願いであった」とし、皇族は遺族の要望で合祀されるのに、遺族が合祀を望まない場合はなぜ認められないのかという矛盾を露呈した。六九年、キリスト教徒の遺族が合祀されている戦死者を靖国神社の霊璽簿《れいじぼ》から抹消するよう求めたが、筑波時代のナンバー2である池田良八権《ごん》宮司は「靖国神社は、その創建の由来が明治天皇の『一人残らず戦死者を祭るように。いつまでも国民に崇敬されるような施設(神社)を作れ』との御聖旨により創建されたものであるから、遺族や第三者が祭ってくれとか、祭ってくれるなとかいわれても、そのような要求は断らざるをえない」と斥《しりぞ》けている(キリスト者遺族の会編『石は叫ぶ』)。

筑波宮司の場合は、まだ「戦後の靖国神社は国家管理を離れた一宗教法人で、誰を合祀しようが自由だ」と反論する余地もあったが、松平宮司以降は靖国が戦前の合祀基準を守るという建前を掲げ、それが現在まで引き継がれている。湯澤貞元宮司はインタビュー

(二〇〇六年二月『現代宗教』)で「この人は祀るけどこの人は祀らないというのをいい加減にやるとめちゃくちゃになってしまう……厚生省でやった元の合祀基準というのがありまして、この方は合祀しても問題ないかというのを慎重に調査するんですね。神社としては、もし何かの機会に、国に神社を返すというようなことがあるかもしれないということを前提に合祀をしているんですね。公のものがすべてなくなったとは我々は考えていないんです」と述べている。

先に引用した葦津《あしづ》珍彦《うずひこ》氏の匿名論文は、この考え方を整理したものだ。「宗教法人(として合祀)はまったく自由である。しかし国家施設としての性格を回復するとの意思に立てば、表敬の対象を決定するのは国家そのものの意思でなくてはならない」。靖国神社が公的性格を持つという建前を掲げる以上は、戦前の国が定めた合祀条件に従うことが必要という論理。だが、戦後の靖国神社が戦前と同様の合祀基準を堅持しているというのは「北白川合祀」の例一つ取っても事実でない。A級戦犯についても、葦津氏は疑義を投げかけた。靖国神社自身も、合祀基準があいまいなことを認識している節がある。神社が監修に加わった資料集『やすくにの祈り』では、「戦没者の合祀基準」について「戦前は陸海軍省で一定の基準を定めていたようであるが、極秘に取扱われていたため確かなことはわからない」とだけ書いた上で、後は実際に合祀されている例をいくつもの項目に分類して羅列しているだけだ。

まず「軍人軍属」と「準軍属及びその他」に大まかに分けた上で、うち軍人軍属には「戦地、事変地及び終戦後の外地において、戦死、戦傷死、戦病死した者」など五項目が並ぶ。準軍属及びその他には、「軍の要請に基づいて戦闘に参加し、当該戦闘に基づく負傷または疾病により死亡した者」「国家総動員法に基づく徴用または協力中の死没者」など九項目が並ぶ。さらにそれぞれの項目がいくつかに区分され、全部で二十八の類型にも分けている。裏返せば、これらに共通する基本理念を示すことができないほどに細分化され、多岐にわたっていることを示唆している。阪本是丸《これまる》教授が執筆した『「靖国」の基礎知識――20のQ&A』でも、「祀られる『基準』は何か?」という質問に対する答えは、「昭和五十一年一月現在の合祀対象は次のとおりである」として、これまでの合祀者を類型化し列挙しているだけだ。あまりにたくさん基準外の人々を合祀してきたため、定義できなくなってしまったのだ。

遺族が強く要望しているのに合祀が拒否されるケースもある。一九五〇年十月、朝鮮戦争で米軍からの要請で極秘に出動した海上保安庁の特別掃海隊員だった坂太郎さん（当時二十一歳）が、北朝鮮沖で機雷に触れて死亡した。その兄の大阪市の中谷藤市さんが二〇〇六年二月、靖国神社に「戦争中に国に殉じた『戦死者』である」として合祀を求めたが、神社側は「朝鮮戦争は現在のところ合祀基準外」だと拒否した。しかし、「合祀基準外」として合祀を拒んでおきながら、その合祀基準は何かと言えば定義がないのが実情なのである。まさしく「神道に教義はない」(宗教学者)との言葉通り、建前と現実が乖離《かいり》し、内在的な矛盾を拡大してきたのが戦後の靖国神社だった。

「北白川合祀」に肯定的な意味を見出す神道関係者もいる。「靖国神社は陸軍省を引き継いだ厚生省から祭神名票を受け取ることで、政教分離に逆行する官民一体の作業を続けた。合祀するのも第二次世界大戦の戦没者であり、戦後なのに『戦前』の状態が続いていた」。ところが、筑波宮司が意識的に合祀した二皇族の合祀は「戦前の別格官幣社《べっかくかんぺいしゃ》の社格に縛《しば》られない合祀であって、それまでの不正常な状態から脱して本当の戦後を迎えることができた」と言うのである。ただし、その後の靖国神社は筑波宮司の「脱戦前」思考を捨て、戦前同様の厳格な合祀を続けているという建前を掲げている。

第七章　千鳥ヶ淵の攻防

国家慰霊めざす旧軍幹部たち

現在の千鳥ヶ淵戦没者墓苑は、計画が持ち上がった当初「無名戦没者の墓」と呼ばれていた。初の国立墓地である。一九五三年十一月二十八日、建設について話し合う第二回会合が厚生省主催で開かれた。方針を閣議決定するため、関係団体が集まって意見をすり合わせる目的だったが、この日は靖国神社の池田良八権《ごん》宮司が出席していたため、初めから波乱含みだった。

十月六日の初会合に、厚生省は日本遺族会、日本宗教連盟、海外戦没者慰霊委員会、全日本無名戦没者合葬墓建設会の四団体を招いたが、出席者から「一番関係の深い靖国神社が招かれていない。靖国神社の意向を聞く必要がある」と注文が付いた。初会合では、四団体とも国が「墓」を作ることに賛成したが、靖国神社が加わるとそうはいかない。第二回会合の内容について、主催者の現厚生労働省は「分からない」としているが、靖国神社と関係の深い全国戦友会連合会に議事録が伝わっていた。そこに、池田権宮司が厚生省の田辺繁雄・援護局長（引揚援護庁次長を兼務）に詰め寄る様子が克明に記録されている。

池田権宮司「墓苑は引取り遺族の判らない遺骨を納めるために作られるのだが、これを全体の象徴的墓とするようなことになると、靖国神社と重複することになって将来具合が悪いのではないか」
田辺局長「全体の象徴とする考えはない」
池田権宮司「名称が『無名戦没者の墓』となるようだが、これは国民にアメリカのアーリントン墓地を連想させ、全戦没者を代表する墓という印象を与えるのではないか。しかも、それが国立の墓地であるから、現在私法人となっている靖国神社に代るものというような、国民の誤解を招く恐れはないか」
田辺局長「名称は未だ仮称だから、今後充分に考慮して決定する」
池田権宮司「墓は宗教施設ではないのか。これを国で作ることは憲法に抵触しないか」
田辺局長「墓は宗教施設ではない。その証拠に（宗教施設を担当する文部省、墓を担当する厚生省とで）所管が違う」
靖国神社側が繰り返したメッセージはただ一つ。「新たな国立施設ができたら靖国に取って代わるのではないか」という牽制《けんせい》だった。国立墓地は無宗教の施設とされているのに、政教分離違反の疑いまで持ち出している。池田権宮司は二年後の五五年七月に衆議院の特別委員会に参考人として出席し、宗教法人である「靖国神社が国家性、公共性を持つようになることは望ましい」と発言した。自らさんざん批判されている問題を、なりふり構わずぶつけた点に、国立墓地に強い危機感を抱いていた様子がうかがえる。

国で保管していた引き取り手のない遺骨を収納するための墓を建設する構想は、終戦後早くから浮かび、幣原《しではら》内閣（四五年）以来、占領軍も了解して準備が進められていた。ところが、サンフランシスコ講和条約の発効によって独立を回復した三日後の五二年五月一日、吉田茂首相を総裁とする「全日本無名戦没者合葬墓建設会」（以下「建設会」）が発足すると、諸外国の「無名戦士の墓」に相当し、外国の元首らが公式に訪問できる施設の建設を目指すことになった。単なる遺骨の収納場所ではなく、日本を代表する「国立追悼施設」を作ろうというのだ。

建設会は吉田首相をはじめ、会長に村上義一運輸相、副会長に草葉隆円厚生相（五四年以降）、在任期間八年七ヵ月で「法王」と呼ばれた一万田《いちまだ》尚登《ひさと》・日銀総裁、石川一郎・初代経団連会長、関桂三・初代関経連会長といった重量級が顔をそろえ、官民一体の挙国組織となっていた。片や靖国神社はと言えば、国家が管理した戦前とは違って一宗教法人に過ぎない。新たな施設が「国立追悼施設」になれば、戦前から国家慰霊を行う施設と自負してきた靖国神社の存在意義が大きく脅かされることになると恐れた。

厚生省と関係団体の第二回会合の後、靖国神社は墓苑問題を協議する崇敬者総代会《すうけいしゃそうだいかい》を開いた。テーマは、どうしたら靖国神社の地盤沈下を防ぐか、である。切羽詰まった総代会は、墓を靖国神社境内に作るという奇策をひねり出した。墓の建設自体を止められないのなら、逆に取り込んでしまおうという作戦である。厚生省に、墓は靖国神社境内に作ることが最も望ましいとの意見書を提出した。

靖国神社が攻勢を掛ける中、政府は五三年十二月十一日、「無名戦没者の墓に関する件」を閣議決定した。「遺族に引き渡すことができない戦没者の遺骨を納めるため、国は『無名戦没者の墓』を建立する」という内容で、建設方針は決めたものの、建設会が目指していた諸外国の無名戦士の墓と同様の「全戦没者の追悼」という性格は明記されなかった。閣議決定の直前に来日したニクソン米副大統領が、日本政府の勧めた靖国神社訪問を断り、靖国神社や遺族会がさらに警戒感を強めたのも影響したとみられる。閣議決定で墓の性格がどのように定義されるかが焦点だっただけに、靖国側の攻勢は一定の「成功」を収めた。千鳥ヶ淵戦没者墓苑は産声を上げた時から、靖国神社との熾烈《しれつ》な攻防を運命づけられたのである。

この閣議決定を受けて翌五四年、建設会は解散。その後、建設推進の中心となったのは旧陸軍関係者だった。同年、全国遺族等援護協議会（後に全国戦争犠牲者援護会、以下「援護会」）が発足。名誉会長に陸軍相を務めた宇垣一成《かずしげ》・元陸軍大将、会長に砂田重政・元南方総軍最高顧問、理事長に堀内一雄・元満州国少尉らが就任し、旧陸軍幹部および関係者が多数参加した。活動の柱の一つは、戦死した軍人・軍属だけでなく空襲や原爆などによる一般人戦災者を含めた全戦没者の慰霊だった。

援護会が五七年三月十六日、東京・築地本願寺で開いた全国戦没者慰霊大法要も、慰霊の対象は一般戦災者に重きを置いていた。砂田会長は「陸海空軍に従った者も銃後の国民も、老若男女にも例外なく、南方、北方の島々においては軍人軍属のみならず数多の邦人男女が玉砕せられ、満州においては数万の老幼婦女子が暴行虐殺せられ、原爆は一瞬にして数十万の生命を奪い去ったのであります」とあいさつし、満場の涙を誘った。

砂田氏は元軍人というより戦前からの議会人で、政友会きっての弁舌家だったが、政党解散後の翼賛政治に見切りをつけ、四二年に軍政顧問に転身した。戦後は防衛庁長官などを務めたが、主に戦没者援護の活動で論客ぶりを発揮し、同年十二月二十六日、堀木鎌《けん》三厚生相に墓苑建設を早急に進めるよう言い残して翌晩に急逝した。

こうした援護会の主張、活動は、必然的に靖国神社との間に溝を作る。戦前戦中に靖国神社を所管し、鈴木孝雄・元大将を宮司に送り出した旧陸軍の主要幹部たちが、戦後の慰霊をめぐって靖国と火花を散らす皮肉な展開となった。元軍人たちの間も割れた。全国戦友会連合会は靖国擁護の立場から、七二年八月の機関誌『戦友連会報』で「墓苑建設に参画した人々は……我が国には靖国神社という厳然たる国立の戦没者斎場があったことを忘れ、靖国神社は将来とも長く一宗教法人であるという誤った認識が、先入観として彼らの頭の中を占めていたに違いないのである。だからこそ靖国神社当局の意見は軽く無視され、これに代るべき国立墓地という構想も生まれた」と批判している。

援護会に参加した旧陸軍出身者たちに共通していたのは、戦没者には国家の慰霊が絶対に必要だという強烈な信念である。一宗教法人となった靖国神社に、それは期待できない。ならば、戦前の靖国に代わる国立施設の建設が必要だという考えだった。多数の一般国民を犠牲に巻き込み、有史以来の敗戦に導いた元軍人としての責任も感じていたのだろう。国による金銭的な援護補償についても「広く一般の戦争犠牲者に対しても援護の手を差（し）延べるべきで、決して直接軍関係者へのみの援護に片寄ってはならない」（五六年十二月十五日付『援護』）と主張していた。靖国神社と同様に無名戦士の墓を警戒していた日本遺族会は、この点でも援護会と対立した。分ける予算が限られている以上、援護補償は軍人・軍属に限定されるべきだと主張していたからだ。こうして、無名戦士の墓をめぐって、靖国神社・遺族会連合vs.援護会という構図が生まれた。

巻き返した靖国と遺族会

閣議決定が行われた翌一九五四年六月十六日、厚生省は「無名戦没者の墓」に関する検討を仕切り直し、今度は各党の国会議員も交えて会議を再発足させた。厚生大臣室で開かれた新しい国の追悼施設に関する第一回会議。「厳重取扱注意」の印が押された議事録を入手してみると、会議は田辺繁雄・引揚援護局長による「墓」についての説明から始まっていた。

「墓の性格は端的にいえば、戦没した者の無縁遺骨を収納する納骨施設である。したがって、この墓は、全戦没者を祭祀する靖国神社とは根本的に性格を異にし、両者はそれぞれ両立しうるものである。またこの墓は、外国における無名戦士の墓とも異なるものである、外国における無名戦士の墓は、国営の戦没者の墓から一体を移し、これによって全戦没者を象徴するものとする建前をとっているが、今回国において建立する墓は、このような趣旨は含まれていない。この面からも靖国神社とは趣を異にする」

前年十一月の会議で靖国神社の池田権宮司《ごん》から執拗《しつよう》に攻め立てられたのを踏まえ、墓の性格が極めて限定的なものであり、決して靖国神社の領域を侵すものではないことを繰り返し説明。「敷地については、一部に靖国神社境内またはその近接地を選ばれたいとの要望があるが、また一部ではこれに対し積極的な反対もある」と言い添えた。

日本遺族会を代表して副会長の逢沢寛衆院議員が議論の口火を切った。「この墓は将来儀礼的行事の中心となるので、敷地はぜひとも靖国神社の境内とされたい」

清水菊三・日本英霊奉賛会常務理事「すべての戦没者の墓として国民が詣でるものでありたい」

山下春江衆院議員（改進党）「靖国神社の境内には適当な地域がないと思う。大祭の時には今でも狭い感じがする。宗教的なにおいのない所がよい。私は靖国神社を選ばない者の一人である」

大谷瑩潤《えいじゅん》参院議員（自由党）「天皇に礼拝をしていただくよう皇居前広場が適当と思う」

逢沢議員「天皇が靖国神社に礼拝されないということになっては困る」

館哲二・靖国神社崇敬者総代「国が営む全戦没者を象徴する墓になるが、靖国神社は現在のところ一宗教法人で、墓と神社が二つに切り離されることは忍びがたい」

「無名戦士の墓」建設を推進する人々にとって、建設場所をどこにするかが第一の難関となった。前年十二月の閣議決定に合わせ、靖国神社が意見書を提出した神社境内に建設することの是非をめぐり、賛否がぶつかり合った。五六年九月二十九日、衆議院第一議員会館で開かれた援護会理事会は、靖国神社内の建設を求める神社と遺族会に対する不満の声が相次いだ。

山下義信・副会長「遺骨は速やかに奉安せねばならぬ。場所は靖国神社境内とすると神社のものとなる。各宗派の儀式ができるためには他の場所が良い。これが宗教団体の意見である」

美山要蔵《みやまようぞう》・厚生省引揚援護局次長「遺族会と靖国神社とは靖国神社の境内を主張し、宗教連盟等は境内を不可として、これがため今日まで遷延されている」

境内への建設を熱心に主張したのは遺族会だった。「諸般の観点から靖国神社境内地の一割を国有地に返納し　その場所に建立方を靖国神社の諒解をも得て政府に申入れ、交渉を継続して参った」（『日本遺族通信』）。遺族会副会長の逢沢寛衆議院議員は五六年十一月の衆議院特別委員会で「大村益次郎の銅像を少し西側へ移転して、あそこらだったら無名戦士の墓を建てられてもちょうど格好の所じゃないかということまで研究しておる。靖国神社の総代会も銅像にはいろいろとあこがれを持っておるけれども、無名戦士の墓が建つということならばこれを移転することに同意しようという所までいっております」と予定箇所まで具体的に説明した。神社創建の提唱者である大村益次郎の銅像は、神社正面に位置する日本最初の西洋式銅像で、靖国のシンボルである。これまで移転する計画を示すことにより、覚悟を示そうとしたのだ。

ところが、神社はこの案に消極的で、本殿裏の神池付近という目立たない狭い場所を考えていた。近代神道は穢《けが》れを忌《い》むのが大原則で、穢れを代表する遺骨収納のための墓を神社内に建設する例はほとんどない。いざ境内の場所選びとなって靖国神社と遺族会の意見が食い違うようでは実現性はおぼつかない。もし実現しても、特定の宗教施設に国立の無宗教施設を作ること自体、憲法問題は避けられず、この構想は元々が奇策だった。結局、靖国神社と遺族会が墓苑建設を先延ばしさせるため、無理な話で難癖を付けたのと同じ結果になった。

こうして建設の閣議決定から三年が過ぎた五六年十二月四日、ようやく政府は建設場所を千鳥ヶ淵とする閣議決定を行った。実はこれより一週間前の十一月二十七日の閣議でも、千鳥ヶ淵への建設を前提に、五三年の建設を決めた閣議決定の再確認が行われた。二度手間をかけたのは、建設場所が絞られても、墓の性格付けをどうするかという争点が残るため、それをかわすための政治テクニックだった。

再確認の閣議から正式決定の閣議までの約一週間、そもそもこれはどういう墓なのかをめぐり、援護会と神社の立場を代弁する遺族会が最後の綱引きを繰り広げた。先手を打った援護会は二十三日の臨時総会で、軍人・軍属だけでなく一般戦災者を含む施設とするよう議決し、鳩山一郎首相と小林英三厚生相、衆参両院議長に申し入れた。これを踏まえて再確認の閣議決定が行われ、その翌二十八日、衆院の調査特別委員会で、援護会理事長の堀内一雄衆院議員と、遺族会副会長の逢沢寛衆院議員が対決した。堀内光雄・元自民党総務会長の父と逢沢一郎・元衆院議院運営委員長の祖父である。

先に質問に立った堀内氏は、政府に前日の閣議決定の意味を問い、援護会が申し入れた一般戦災者を含む施設にするかどうか念押しした。答弁に立った山下春江厚生政務次官は「今次戦争で犠牲になられた無名戦没者全体の霊を慰める記念塔を建てようということだ。援護会、その他その会を取り巻く多くの方々の要請によって、以前無名軍人の戦没者と一応決められていた構想を撤回し、援護会等で推進なされた通りの精神を持って決定されたものだ」と認めた。

続いて質問した逢沢氏は強く反発した。「戦死者自体が国家のために積極的に進んでいって、今度会うときには九段の森で会おう、こういう気持ちで行っておるのだから、それを他の戦災者の御遺骨と一緒に合祀するということについては、今までの遺族の気持ちを想像してみたときに、これは賛成しない。戦死者の遺骨だけでなく一般戦災者の遺骨も同時に合祀するというお考えは当時の構想とは違うのじゃないか。遺族の靖国神社に対する憧れを考えた時に国家が管理する無名戦士の墓に遺骨を納めることは戦死者の意思に反するではないか。これを断行するなら遺骨は各県に返せとなることははっきりしておる」

遺族会は猛然と巻き返しに出た。幹部が連日、根本龍太郎官房長官、岸信介自民党幹事長らに陳情。三十日には援護会理事会に乗り込んで主張を繰り返したが、千鳥ケ淵への建設方針は覆らない。仕方なく十二月一日、千鳥ケ淵への建設には賛成するが、無名戦士の墓が国家慰霊の場とならないよう、政府が外国の元首らを招待せず、墓の性格を引き取り手のない遺骨の慰霊に限定するという条件を突きつけることにした。

遺族会の逢沢副会長は即日、援護会の砂田会長を訪ねて「強硬陳情」(『日本遺族通信』)に及び、「墓の建立にあたって靖国神社との関連において信仰の対象が二分化されるような措置を取らないこと、将来は神社と不離一体のごとき措置をとること」などを確約させた。口約束では心配だったのだろう。三日早朝に再び砂田会長の元を訪れ、文書で確認するよう迫った。遺族会は一、二を争う自民党最強の支持団体で、パワーは強大だ。これ以上対決が続けば、ますます建設が遅れるのは必定。正式決定する二度目の閣議決定を翌四日に控え、砂田氏は遺族会の要求を呑んだ。

遺族会は早速、勝ち取った「成果」を政府に了解させた。その日の午後開かれた衆院の調査特別委員会では、堀内氏と逢沢氏の勢いが五日前とまるで逆転した。逢沢氏「無名戦士の墓によって靖国神社に対する信仰が二分化するものでなく、ただ（引き取り手のない）遺骨の収納所で違いないか」。小林厚生相「靖国神社の英霊は九千万国民の崇敬の的である」。逢沢氏「全戦没者が対象でないので、政府は（慰霊施設の）代表として取り扱わない、外国（の元首ら）を案内・招待しないと了承してよいか」。小林厚生相「その通りです」。民主主義政治の権力は、往々にして妥協を形成した側につく。一方、堀内氏は「現在の所は靖国神社にお祭りしている英霊の（うち）引き取り手のない遺骨となっているが、現実にはその中には英霊以外の（一般人の）遺骨も入っている。将来は戦争に倒れた多くの人たちを全部お慰めすることがぜひ必要だ」と持論を述べるに留まった。

政治がゆがめた一般戦没者慰霊

援護会・砂田会長と遺族会・逢沢寛副会長の間で交わされた「覚書」と題する文書は、せっかくできた千鳥ケ淵戦没者墓苑の性格を極めて限定し、あいまいにしてしまった。援護会を母体に作られた墓苑の管理運営組織「千鳥ヶ淵戦没者墓苑奉仕会」の事務所に、今も文書が保管されている。砂田会長名で日本遺族会に対し「今回仮称無名戦没者の墓を建立するにあたり、政府および与党に対し、左記条項の実現を期することを約束する」と述べた本文に続き、次の四項目が並んでいる。

一、仮称無名戦没者の墓は信仰的に靖国神社を二分化するものでなく（略）引き取り人のなき御遺骨収納の墓であること。

二、本墓の建設により、八百万遺族の憂慮している靖国神社の尊厳と将来の維持および精神的経済的悪影響の波及しないような措置をすること。ついては例えば国際慣行による我国訪問の外国代表者等に対し、我国政府関係者が公式招待または案内等をなさざること。

三、靖国神社の尊厳護持について来る通常国会の会期中に政府をして、精神的、経済的措置をなさしむること。

四、本墓の地域は靖国神社の外苑の気持ちで取扱いし、将来法的措置を講ずること。

外国の元首を招待しないと約束した上に、「靖国神社の外苑」という靖国の従属的施設とも読める表現まである。遺族会も『日本遺族通信』などで覚書の存在を明らかにし、会の三十年史『英霊とともに三十年』（七六年）では「墓苑の性格は、建設の当時と何ら変更のないことは言うまでもない」と強調した。千鳥ヶ淵墓苑が今日まで、靖国神社に比べ今一つ慰霊の中心施設となりきれないのは、この覚書によって墓苑の性格が政治的に狭い枠をはめられてしまっているためだ。

しかも、靖国神社は援護会が主張した「軍人・軍属以外の一般戦没者も含めた慰霊施設」という要素を自ら積極的に取り込んだ節がある。墓苑建設の前の五八年、秋の例大祭で中国や東南アジア、沖縄で死亡した一般人を合祀《ごうし》したのだ。社報『靖国』は「一般邦人の戦闘参加者も合祀」との見出しを掲げ「軍の要請に基づき戦闘に協力または戦闘に参加して死没せる官民（死没後軍属となっている）が非常に多く含まれている」と強調した。

一九五九年三月二十八日、千鳥ヶ淵戦没者墓苑の竣工式および慰霊祭が執り行われたが、昭和天皇・皇后の出席にも靖国神社は不満を隠さなかった。約二週間前の三月十一日、厚生省の河野鎮雄引揚援護局長が説明のため靖国神社を訪れた。その直前、宇佐美毅《たけし》宮内庁長官から靖国神社に電話が入り、「墓苑竣工式に両陛下のご臨席を仰ぎたい旨、厚生省から依頼があった」と伝えていた。池田権《ごん》宮司は現れた河野局長にただしたが、局長は「今回だけだから眼をつぶってくれ」と答えたという。

同年の靖国神社の祭祀は、例年にない華やかなものになった。四月の例大祭には天皇と皇后が参拝し、四月七日の大祭初日には戦後中断していた勅使による「祭文の奏上」を復活させ、以後恒例となった。十月には靖国神社初の皇族合祀である北白川能久親王《きたしらかわよしひさ》王と永久《ながひさ》王の合祀が行われる。千鳥ヶ淵戦没者墓苑に対する警戒感から、靖国神社と皇室との結びつきを殊更《ことさら》に誇示しようとしたとも見える。

納まらないのは、一般人を含めた全戦没者の施設にしようと運動してきた援護会のメンバーたちである。五九年一月、安井誠一郎東京都知事を会長に、援護会の主な役員が兼務する形で墓苑奉仕会を設立し、改めて墓の性格について政府側に働きかけた（援護会は六八年に解散したが、それまでは援護会と奉仕会が墓苑内の事務所を共同で使用するなどほぼ同一組織だった）。

三月六日付の厚生省の内部資料がある。表題は「墓の性格についての厚生省としての決定案」とあり、「本人の遺骨がその遺族へ届けられているもの、いないものの区別もなく、また軍人邦人（＝一般人）の区別もないのであって、広く大東亜戦争の全戦没者の遺骨の象徴的一部である」「追悼の対象は大東亜戦争（支那事変を含む）の全戦没者である」と定義付けている。理由は「遺骨の主体は、戦後政府派遣団が大東亜戦争の各主要戦場で象徴的に一部宛収集して送還したものであるが、この遺骨には、戦時中本人の遺骨の一部が既にその遺族に届けられた戦没者のものも少なからず含まれていると考えられるし、又この遺骨は単に軍人軍属のものと限らず、現場で戦闘に参加した一般邦人のものも含まれているであろうことが考えられる」と書かれている。五六年十二月、遺族会に押し切られて

「覚書」を交わした援護会の堀内一雄理事長が、国会で最後に発言した論理がそのまま用いられている。

この決定に基づき、五九年三月十三日の閣議で坂田道太厚生相が二週間後に迫った竣工式について報告した際、「この墓に収納される遺骨は、戦後政府によって各戦域から収集された無名の遺骨であり、追悼式は、この収納遺骨によって象徴される支那事変以降の戦没者に対して行うものである」と発言。ややあいまいながらも「全戦没者を象徴する」という線に沿って全閣僚の了承を得た。竣工式当日も天皇・皇后を前に、坂田厚生相は「全戦没者の冥福を祈り」、岸首相は「戦没者の精神を象徴する霊域に立ち、故国の土に抱かれて永遠の眠りにつく戦没者の冥福を心から祈念いたします」とそれぞれあいさつした。靖国神社と遺族会が策を弄しても、千鳥ヶ淵墓苑はあくまで全戦没者を象徴する施設であることを公言したのだ。

それにしても政府の態度には一貫性がない。遺族会に言い含められて閣議決定の時は「引き取り手のない一部の遺骨を収納する限定的な施設」としながら、奉仕会に押し返されると竣工式では「全戦没者を象徴する施設」と言い直すのでは、結局はどちらともつかず墓苑のあいまいさに拍車が掛かった。決定までの援護会と遺族会の対立が、建設後はそのまま千鳥ヶ淵戦没者墓苑と靖国神社の対立に引き継がれた。

全国戦没者追悼式は現在、毎年八月十五日に武道館で開かれているが、ここに落ち着いたのも、その対立が影響している。戦後最初の追悼式は、五二年に新宿御苑で開かれた。次は五九年三月二十八日、千鳥ヶ淵戦没者墓苑の竣工式と併せて開催された。六三年から毎年行うに当たって開催場所が問題になった。同年二月、千代田区三番町《さんばんちょう》で開かれた奉仕会の理事会と役員会の席上、役員の美山要蔵《みやまようぞう》氏は、追悼式を墓苑で行うべきだと主張した。美山氏は、戦前は元陸軍高級副官として戦没者を靖国神社に合祀する責任者で、戦後は厚生省援護局次長として旧軍の引き揚げや遺族援護を仕切ったキーパーソン。前年に退職した古巣の厚生省、靖国神社双方の事情も熟知していた。「千鳥ヶ淵の墓苑には全戦没者の象徴的遺骨が納められており、それは同墓苑においてその竣工式および追悼式が行われた際の式辞、追悼の辞および厚生大臣の閣議席上での発言によっても明白である。そのような墓苑の性格に鑑み、政府主催の追悼式は同墓苑にて行うことが最もふさわしい」

この年は結局、八月十五日に日比谷公会堂で行われ、翌六四年も閣議でいったんは日比谷公会堂を会場とすることが決まった。ところが、靖国神社と遺族会が政府・自民党にねじこんでこれを覆《くつがえ》し、強引に靖国神社境内で開催させた。閣議決定の変更は異例中の異例である。全国戦没者追悼式の開催場所を獲得すれば、国を代表する正当な慰霊施設と認定されると言わんばかりの横槍《よこやり》だ。千鳥ヶ淵墓苑派はもちろん憤慨する。こうした対立を避けるため、六五年からは「靖国神社並びに千鳥ヶ淵戦没者墓苑に近い所が追悼式にふさわしい」（厚生省『援護50年史』）という理由で武道館に決まった。

靖国に組み敷かれた千鳥ケ淵

靖国神社が千鳥ヶ淵戦没者墓苑を過剰にライバル視する騒動は、その後も続いた。表面化したのが一九七五年、イギリスのエリザベス女王が来日した時だ。五月の公式訪問に先立って、英側から日本外務省を通じ、女王は千鳥ヶ淵戦没者墓苑を訪問する意向であることが奉仕会に伝えられた。それを知った靖国神社や遺族会は、公然と潰しにかかった。遺族会元事務局長の徳永正利参院議員は三月五日の予算委員会で「今度エリザベス女王が来られるが、千鳥ヶ淵墓苑は第二次大戦の引き取る方の分からぬ方々の骨を祭ってある所で全戦没者を象徴するものとは到底考えられない」と発言し、女王の墓苑訪問に反対。遺族会内では「靖国神社こそ全戦没者を祭る施設だ」という声が起き、英側に靖国参拝を強く求めた。騒ぎが広がったため、英側や外務省は「女王が日本国内の政争に巻き込まれかねない」と墓苑の参拝を中止した。

四月一日、靖国も千鳥ヶ淵も訪問しない日程が発表されたが、遺族会はなお不満だった。七五年四月十五日付『日本遺族通信』には「一部の誤報、曲解を正す」との見出しで、「墓苑への参拝が伝えられた。本会は二月二十八日、『女王の靖国神社表敬参拝実現について関係方面に正式に要請すること』との要望書を外務省と英国大使館に提出した。靖国神社に外国の国賓をお参りいただくのに、何の遠慮もいらない筈であり、先方が拒否されるようなことは考えられない以上、わが国に限って、もやもやしているのは、国内事情のため」と決め付けている。女王は靖国を参拝するのが当然なのに、そうしないのは国内に足を引っ張る勢力があるから、というのだ。

一方、奉仕会は援護会が遺族会と交わした覚書を後悔し、外国元首の墓苑訪問を悲願としていた。女王来日より前の六一年一月の役員会では「墓の性格は『外国元首、大公使等が参詣出来る無名戦士の墓のようなものを作る』ことが起因である。従って将来靖国神社にもし参詣出来なくともお墓には参詣を要請すること丶致したし。全員右の趣旨に同意した」（議事録）。同年三月、安井会長は古井喜実厚生相に「今後来朝する外国元首、首相等には当墓苑に参詣方お取り計らい下されたくお願いします」と要望書を提出。翌六二年にも「一、墓苑が列国の無名戦士の墓に相当するものであることを速やかに宣明されたいこと。従ってその都度各国元首、大公使等の参拝を要請されたいこと　二、毎年春季には政府主催の追悼行事を行われたいこと」などを要望した。六三年には、墓苑が「『列国の無名戦士の墓』に相当するものであることは明らかであり、昨年も要望している。先般、タイ国国王は自ら参拝の御意志があったにも拘わらず参拝できなかったからとて特に中村明人元駐タイ軍司令官に依頼して花環を備え参拝せしめられた例がある」などとして「墓苑の性格を明示されたい」と要請した。

六三年六月十五日付の援護会機関誌『援護』には、「墓苑問答」と題して「奉仕会一役員」と「某県部長」の皮肉たっぷりの対話が掲載された。

問　靖国神社があるのに国はどうして千鳥ヶ淵戦没者墓苑のようなものを造ったのでしょうか？

答　これは国立の墓で、国際的な見地から申しますと諸外国の〃無名戦士の墓〃に相当する性格を持っています。代表的即ち象徴的なお骨をお納めしてある点が重要な点でありまして大東亜戦争の終結の特性上、この種のお骨をお納めする霊場を必要とするに至ったのは自然の帰趨《きすう》である

問　墓苑にお収めしてある御遺骨は創建当時は無縁仏であったのを、最近になって代表的なお骨であると改めたというようなことを聞くことがありますが？

答　絶対そんなことはありません。竣工並びに追悼式に於て首相（略）は揃って全戦没者の墓であることを言明している。それが最も確実な証拠であります

問　墓苑には靖国神社に祀っていない方を祀ってあり、名のある方は靖国神社に祀ってあるというものがありますが？

答　それは大変な誤りです

問　外国から来る国賓があまり日本の〃無名戦士の墓〃たる墓苑に参拝されないのは

一体どういうわけですか？

答　その通りでまったく不思議の一つです。その原因は物事は自己本位的、自己保存的に考え、英霊よりも自己だけの立場を考える方々によって阻止されているのではないでしょうか。これ以上は御賢察に委せます――

「問」で出てくる見解はことごとく靖国擁護派の主張で、問答の体裁をとった靖国神社・遺族会への激しい批判である。七〇年代に奉仕会が一般参拝客に配ったパンフレットには「千鳥ヶ淵戦没者墓苑（無名戦士の墓）は、軍人軍属のみならず一般邦人をも含み、また既に遺骨の一部を遺族に渡された人々をも含む全戦没者の象徴的遺骨を奉安した、国立のお墓であります。わが国には明治以来靖国神社がありますが、終戦後宗教法人となり、外国の元首や使節等がこれに詣でることがむづかしくなり、諸外国の無名戦士の墓に類するものを官民一体で建てることになり……」と書かれていた。これに対し、七六年刊行の遺族会の三十年史は「注目すべきことは時の経過とともに、当初懸念されたように、千鳥ヶ淵墓苑を全戦没者を象徴する墓苑として性格づけ、位置づけようとする意図が、一部に見られることである」と奉仕会を批判している。

だが、墓苑奉仕会の靖国神社に対する反抗姿勢は、世代交代によって次第に薄らいでいった。八三年四月、奉仕会は政府に外国高官の墓苑来訪を求めたが、表現は「靖国神社及び当墓苑、またはそのいずれかに参拝を」と遠慮がちにトーンダウンし、一時は招致要請自体を取り下げていた。靖国との対立を辞さなかった美山要蔵氏が病気のため八五年に理事長を辞任した後、「靖国派」の大物である元関東軍参謀、瀬島龍三氏が就任したのも関係がありそうだ。エリザベス女王の参拝中止以来、「千鳥ケ淵戦没者墓苑に手を出すと靖国神社問題が絡むというイメージ」（墓苑関係者）が浸透してしまったためか、参拝した外国の元首はいまだにアルゼンチン大統領のみだ。

「墓苑が全戦没者を象徴する」というかつての主張も、現在のパンフレットからは姿を消した。天皇参拝も七〇年の昭和天皇が最後で、現在の天皇陛下は皇太子だった八〇年以降、参拝していない。奉仕会関係者は「宮内庁からは厄介な問題に関わるまいと距離を置かれている。厚生労働省も遺族会の方が大事だから」とぼやく。

年一回の慰霊祭が六七年以降、靖国神社の秋の例大祭と同じ日に行われているせいもあってか、年々靖国神社との一体化が進んでいるのが実態だ。六五年の奉仕会内部資料に、当時の評議員の一人が「幸いに靖国神社と距離が近いこと故、将来一体化の方向に進むべきではないか」と発言し、ある理事は墓苑の通称として「靖国墓苑」の呼び名まで提案した記録が見られるが、それが現在の墓苑の姿になりつつある。

本来は無宗教の国立施設として、政教分離やA級戦犯合祀問題を抱えた靖国神社に代わり、国家慰霊の場になり得る可能性を持っていたはずだった。しかし長年、靖国神社と政治的に対立してきた結果、余計なイメージが付着した。二〇〇二年十二月に福田康夫内閣官房長官の私的諮問機関「追悼・平和祈念のための記念碑等施設の在り方を考える懇談会」(追悼懇)は、無宗教の国立追悼施設の設置を提言したが、墓苑は追悼施設の過去の例として参考にされただけだった。

それでも「靖国派」が千鳥ヶ淵墓苑を目の敵にする習い性だけは、いまだに直らない。追悼懇は靖国神社を国立施設にふさわしくない宗教施設と位置づけたが、これを不満とする神社界は、「墓苑にも宗教性がある」と強い調子で反論した。神道政治連盟のパンフレットが「なぜか千鳥ヶ淵戦没者墓苑には遠慮がち!」として、「日本人が遺骨に対して自然に抱く宗教的感情がある。追悼懇が千鳥ヶ淵戦没者墓苑の宗教性について一切、口をつぐんだままでいるのは、国立施設でありながらその宗教性を否定できないからでしょう」と断じているのがいい例だ。

対立で疲弊した千鳥ヶ淵墓苑と反対に、靖国神社は遺族会などの政治力に支えられ、その優位は終始揺るがなかった。靖国神社幹部は最近、「かつて千鳥ヶ淵戦没者墓苑と靖国神社は敵対すると言われたが、敵対しなくたって今現在、付近一帯で一つの慰霊ゾーンを形成している」と余裕を見せている。しかし、実態は一体化していても、靖国神社が政治問題化するたびに、対抗軸として墓苑の可能性に目が向く図式は今も変わらない。

二〇〇六年、政権が小泉純一郎から安倍晋三に代わった自民党総裁選で靖国問題が争点の一つに浮上。久しぶりで千鳥ヶ淵墓苑が政界の話題になった。六月、中川秀直政調会長が小泉純一郎首相の了解を得て、自民党内に千鳥ヶ淵墓苑拡充に関するプロジェクトチームを設置したのだ。国立の戦没者追悼施設の建設構想と連動させる動きとも受け止められ、墓苑に隣接する公務員宿舎などの国有地まで墓苑を広げる構想を打ち出した。超党派議連「国立追悼施設を考える会」会長の山崎拓・元党副総裁も墓苑は無宗教の国立追悼施設の最有力候補地になるとの見方を示し、公明党の神崎武法代表も墓苑をめぐり首相の前向きな取り組みを求めた。総裁選直前の九月初め、社民党が開いた「千鳥ヶ淵戦没者墓苑・平和祈念施設提言委員会」には、政界に影響力の大きい読売新聞グループ本社の渡辺恒雄会長が出席し、墓苑を拡充して無宗教の追悼施設にすることを提案した。

しかし総裁選が終わると、政治家の「靖国熱」はいったん冷めた。千鳥ヶ淵墓苑を国立追悼施設に位置づけようとする発言もぱったり止《や》み、墓苑をめぐる動きは棚上げにされた。創設以来、靖国神社との攻防に巻き込まれ、「第二靖国」の地位に押し込められた現在も、靖国問題をめぐる政界の動きに時に翻弄される。墓苑は国家慰霊施設に脱皮する可能性を秘めたまま、今も靖国神社から約五〇〇メートルのお堀端でひっそりたたずんでいる。

第八章　「戦後」からどこへ

「靖国廟宮」未完の転換

靖国神社は、①靖国神社の名称②鳥居、社殿などの施設③神道式の儀式行事——を維持、存続させることが、宗教性を担保する基本要件だとしている。松平永芳《ながよし》元宮司が一九八一（昭和五十六）年四月の春季例大祭のあいさつで示し、その後も繰り返し強調したことから、通称「松平三原則」と呼ばれる。政界から国家護持や非宗教法人化などの改革案が提唱されても、靖国神社がこの時ばかりは戦後憲法の政教分離原則を盾に、自分たちは「宗教」であると主張して頑《かたく》なに拒む根拠になっている。だが、靖国神社が自らこれらの「原則」を改変しようと動いたことがあった。敗戦直後の混乱期、存亡を賭けたGHQとの交渉で名前も変えて生き延びようとした時のことである。

当事者だった元靖国権《ごん》宮司（四五年十一月〜四八年六月在職）の横井時常《ときひさ》氏（第五章参照）は約二十年後、六十歳で近江神宮の宮司を務めていた六六年十月二十九日、東広島市の歴史研究家、照沼好文《よしぶみ》氏の質問に答え、経緯を詳細に証言していた。録音テープに残された会話が、「横井時常口述『靖国神社終戦覚書』」に筆録され、一部は『靖国神社百年史』にも収録されている。照沼氏が靖国神社で特別に許しを得て筆写した当時の社務日誌の写しもある。

戦時中のエリート神職だった横井氏は、敗戦に伴う靖国存続の難事業を神道界から託された。靖国権宮司の内示を受けると、すぐさま情報収集に駆け回った。四五年十月二十四日には、GHQ顧問になった岸本英夫・東京帝国大助教授を訪ねている。岸本助教授は戦前に米ハーバード大学で宗教心理学を学んだ気鋭の少壮学者。GHQとの交渉に同席し、通訳を担当することになっていた。岸本助教授から「GHQは神社の内容を記念碑的なものにしようとしている」と聞いた横井氏は、直ちに次の対抗策を提示したという（岸本氏の『戦後宗教回想録』で前任権宮司の高原正作氏が訪れたとなっているのは、横井氏の誤り）。

一、速やかに陸海軍省の管轄から脱する
二、祭神を戦没者に限らず、国家公共のために倒れた一般文民も加える
三、宮司を軍人以外から選ぶ
四、名称を靖国廟宮《びょうぐう》と変更する

正式に権宮司に就任する前から、横井氏は敗戦に伴う靖国生き残りの秘策として、すでに名称変更を考えていたのだ。旧知の星野輝興・元宮内省掌典の協力を得て、二人で密《ひそ》かに検討していたらしい。戦時中、国家神道を指導する立場にあった横井氏と、天皇を支える立場にあった星野氏の二人が、逸《いち》早く民主主義体制に沿った神社への転換を構想してい

たのである。権宮司就任から一週間もたたない十一月二十二日、横井氏は靖国神社に星野氏を招き、神社職員や合祀《ごうし》を担当する陸海軍省副官向けの講義を開催した。題は「靖国神社の御本質に就いて」。星野氏は官幣大社香椎宮《かしいぐう》（福岡市）にかつて仲哀《ちゅうあい》天皇の「廟」が建てられ「香椎廟宮」と呼ばれた故事を紹介し、「靖国神社は廟宮制に切り替わるのが最もふさわしい」と説いた。「廟宮」に変わっても、靖国神社の「御本質」は変わらないというのである。

内部関係者への根回しを済ませた上で、横井権宮司は十一月二十六日、東京・麴町《こうじまち》区内《うち》幸町《さいわいちょう》のNHKビル（当時）にあったGHQに呼び出されている。神道指令が出される約半月前。GHQと靖国の実務責任者が初めて相まみえる重要な会談だった。待っていたのは宗教課長のバンス大尉。ぎょろっとした眼光鋭い大きな目が特徴的だった。

先に横井権宮司のほうから切り出した。「終戦を機会として、本来の特色を発揮する為に『廟宮制《びょうぐう》』とし、新しく設立を予想せらるる神社関係団体より独立し遺族中心の神社たらしめる公益法人として経営し度意向」。打開策をいきなりぶつけた。従来の姿かたちに固執したら潰《つぶ》されてしまう、生き残るには神社の本質を変えずに先手を打とう、という判断だった。

GHQは国家神道を有害危険な「カルト」とみなし、日本政府が神道を支援したり、軍国主義的な運動が宗教の形をとって覆い隠されることを強く警戒していた。中でも「ミリタリー・シュライン（軍国的神社）」と呼んでいた靖国神社については、軍国主義の象徴として廃止も検討していた。「靖国神社は戦争の中心になったと思うから、そのままでは置けない。旧来の状態で行ない、向こうから潰しに出てこられたら、お終《しま》いだ。純粋宗教で行こうとした。名前はどうでもいい。靖国廟宮という名前を生み出した」（横井氏『覚書』）。

バンス課長が質問した。「将来クリスチャン或いは仏教徒が其の宗派の儀式を以て靖国神社に参拝することが許さるるや否や」。横井権宮司は肯定した。バンス課長は「自分としてはこの案はなかなかよい案と考へる」と評価した。GHQ内で宗教政策を担当したCIE（民間情報教育局）の日誌には、「廟宮」の名称はないが、「靖国神社をあらゆる宗教の人々が参拝するために開かれた独立の神社にするという計画が議論された」とある。

戦時中、神祇院《じんぎいん》教務官として宗教全般を監督していた人物が、「純粋宗教で行こう。そのためなら名前はどうでもいい。他宗教の儀式で参拝しても構わない」と考えていた点に注目したい。元宮内省掌典も同意の上である。しかも第四章に記したように、横井氏はその後、国の財政支援が途絶えた神社経営のため、境内に娯楽施設の建設まで計画した。

つまり、靖国神社の「本質」と「宗教」性を守るうえで、①名称②施設③儀式の三要素に一切触れてはならないという「原則」は、少なくともこの時点で存在していなかった。占領下とはいえ、神道界のエリート神職が自発的に時代の変化に合わせて変更を発想した柔軟性が興味深い。ここには、長年の戦乱や政変を生き抜いてきた神道に本来備わる臨機応変ぶり、融通無碍《むげ》さが端的に表れている。

そもそも「廟宮」の名称は、神道上の根拠すらはっきりしない。國學院大学日本文化研究所編『神道事典』に該当する項目はなく、「神社」の項には「古くヤシロ（社）・ミヤ（宮）・ホコラ（祠）・モリ（杜）とも呼ばれ……」とあるだけだ。漢字学の泰斗《たいと》、白川静氏の『字統』『字通』によると、「廟」の字は「もと朝礼を行うところで、それがまた廟所であった。のち祭政が分離して宗廟の意となる。宗廟の意より、神殿・政庁の意に用いる」という。用例に「廟堂」「宮廟」はあるが、「廟宮」は見当たらない。「神社、神宮＝国家神道」のイメージを薄めるため、あまり知られていない故事を元に考案した、多分に戦略的な名称だったようだ。

といって、決して横井権宮司の独断専行ではなかった。岸本助教授の回想録によると、同じ時期、靖国神社と並んで存続が問題になっていた伊勢神宮についても、日本側は「伊勢神宮は神社としてよりも皇室の祖先を祀った廟としての性格が強い。祖先の墓所である廟は神社でないので、GHQがつぶすことは出来ない」という論理で折衝を重ねていたという（結果的に靖国と同じく名称は残して一宗教法人になった）。

十二月十五日、国家神道に対する政府の保証、監督を廃止する神道指令の発表をはさみ、靖国神社内部では「廟宮」化の準備が急ピッチで進められた。同三十一日大晦日《おおみそか》の夜、敗戦処理に追われ通しだった年内の業務を終え、夕食を済ませた職員たちは再度集合させられ、横井権宮司から「靖国廟宮庁規則」を示された。年が明けた四六年一月八日には、作業の最終仕上げとして弁護士を神社に招き、当時の鈴木孝雄宮司（元陸軍大将）ら幹部職員が一堂に会して三時間半にわたり「廟宮」規定の法律上の問題点について審議した。公表の準備も整えられたが、それより早く新聞に「廟宮」と改称する計画がスクープされ、改称は世間にも周知の事実となっていた。

だが、名称変更は結局、見送られた。第一復員省の石橋復員官から「連合軍の関係者と懇談中『神社も廟宮も英訳するとシュラインで変化がない』と話していた。『靖国』という言葉が焦点だ」という情報がもたらされたのがきっかけだった。一月二十一日、靖国側とGHQの二度目の会談で、横井権宮司が名称存続の可能性を尋ねると、バンス課長は呆《あっ》気《け》なく「日本側の問題である。靖国神社として残したいならば残れる。自分は廟宮でなければならないとは思わない」と述べた。横井権宮司は念のため携えていた「靖国廟宮庁規則」を封印したまま、「『靖国』は『安国』と同じ類語で平和に直結する。軍事的な意味が含まれない」と駄目を押した。

GHQの態度の変化は、このころ同時に進行していた日本国憲法の制定作業に関係している。憲法には民主主義の基本原則として「信教の自由」「政教分離」が盛り込まれる。あからさまな政治的統制ととられかねない改変は、憲法の原則に照らして好ましくない。

そうした自制が働いて、バンス課長は「廟宮」案に拘《こだわ》らなくなったとみられる。

もちろん「ミリタリー・シュライン（軍国的神社）」への圧力が緩められたわけではない。憲法が公布された直後の四六年十一月十三日、GHQは「宗教団体使用の国有地の処分に関する覚書」を発表。軍国的神社には国有地の無償譲渡を認めない方針を打ち出し、民間の宗教法人になる以上は、現有地を国から買い取るよう迫った。名称や儀式などの形式を変えさせるよりも、財政面から締め付ける政策に変えたのだ。その後の靖国神社総代会では「神社という形態にかかわって廃止の憂《う》き目を見るよりは、記念堂的な性格に変更するのもやむを得ない」との意見も出たほどだ。

「松平三原則」への疑問

こうして「靖国廟宮《びょうぐう》」構想は幻に終わった。このエピソードは、これまで一部の専門家を除き歴史の片隅で忘れられてきた。しかし、靖国神社のあり方が改めて問われる今日、様々な示唆を与えてくれる。

「廟宮」案の狙いについて渋川謙一・元神社新報社長は、横井権宮司《ごん》の下で交渉を補佐した坂本定夫禰宜《ねぎ》からの証言を元に、GHQが「信教の自由」の原則を徹底するとの情報を事前に得たため、「英霊顕彰《けんしょう》」という国家神道でなく、「慰霊安鎮」という神道本来の宗教的性格を強めることでＧＨＱからの干渉を防ごうとしたのだ、と解説している（論文「占領下の靖国神社」）。

ということは、戦時中の軍の顕彰施設から戦後の民間の慰霊施設へ、むしろ宗教性をより徹底させるための方法だからこそ、名称変更が検討されたということになる。つまり、宗教性を保つには名称を変更できないという「松平三原則」は、歴史的経緯にあえて目を閉ざし、後から取って付けた理屈ではないのかという疑いが兆す。

公になることのなかった「廟宮庁規則」は、現存していないとされるが、横井氏から聞き取りした照沼氏によると、一九四六年四月一日に制定された「靖国神社規則」は「廟宮庁規則」を原型にしており、痕跡が残っているという。第二条「神社の目的」に、「顕彰」に代わって次のように「平和」の文言が入った点だ。「明治天皇ノ宣ラセ給ヘル『安國』ノ聖旨ニ基キ、國事ニ殉セラレシ御霊ヲ祭神トシ、其ノ神徳ヲ光昭シ、併セテ遺族慰藉ノ方途ヲ講シ、以テ平和醇厚ナル民風ヲ振勵スルヲ目的トス」

文字通りに読めば、軍国主義的な顕彰から平和主義的な慰霊への転換が行われたように理解できる。これが「戦後靖国の原点」になるはずだった。占領下の四七～四八年に、みたま祭、ひな祭り、端午《たんご》祭など娯楽色のある民間行事が相次いで始められたのも、平和路線への転換を表している。しかし、ＧＨＱの占領が終わった後、五二年九月三十日に制定された「靖国神社社憲」の前文は一変した。戦没者の「御名を万代に顕彰する」として、後に侵略を正当化すると批判される「顕彰」の文言が復活した。「平和」の文言は消え、顕彰は慰霊と区別をあいまいにしたまま残ることになった。

こうして幻の「廟宮」案を検証してみると、①名称②施設③儀式の変更は、占領下における平和路線への「未完の転換」を象徴する三要件でもあったことが分かる。「松平三原則」は、それをそのまま裏返しにしたにすぎない。これは何を意図したものとみるべきか。三要件は、敗戦を正面から受け止めて「戦後のかたち」へ生まれ変わろうとした時の手掛かりだった。松平宮司は未遂に終わった企《くわだ》てを意地に掛けても全面否定し、将来にわたり可能性を密封したかったのではないだろうか。そして、ここにもまた、A級戦犯合祀《ごうし》と同じく占領史否定の歴史観が投影していたといえるのではないか。

松平氏は後年に至っても「社名を変えない。当たり前だと思われるかもしれませんが、『靖国廟』にしろという意見も以前からあったんですね。……この社名はどんなことがあっても変えられない」（『諸君!』九二年十二月号）と鼻息が荒かった。

一方、横井氏も後年、当時のGHQの狙いについて次のように回顧している。「一つには靖国神社そのものの性格を廟もしくは記念碑的なものに変革すること、もう一つには皇室と靖国神社との親密な結びつきを遮断することであったと思います。その他の問題では、ご社頭の鳥居を取り除き、靖国神社のご紋章である十六菊の紋章の使用を禁ずる意向を示してきたことは顕著な出来事です」（『覚書』）。

この経緯を踏まえれば、松平氏が占領史否定の意図を貫徹するためには、くだんの三原則に「④皇室との親密な結び付きを保つ」を加えて「四原則」にすべきだったと言えないか。しかし、松平時代に天皇参拝は途絶え、皇室とは疎遠になった。皇室との関係で言えば、松平時代の靖国神社は、皮肉にも自らGHQが意図した通りに変わっていったのだ。

エピソードとしての「廟宮」案は歴史のひとコマとして忘れられているが、一種の特殊法人に変えるというアイデアは、その後も折に触れて歴史の表に登場し続けている。後の国家護持法案も考え方は同じといえるし、二〇〇六年夏に麻生太郎外相が提案した「国立追悼施設靖国社」の考え方とも近い。だからこそ、松平宮司は国家護持法案に反対したし、麻生提案についても、靖国神社は「松平三原則」を持ち出して拒否した。しかし、既に見た通り、「松平三原則」が神社の本質に根差す絶対的な原理かといえば、疑わしいと言わざるを得ない。

小泉首相が靖国参拝した〇六年八月十五日の午後、東京都墨田区・横網町《よこあみちょう》公園にある仏教式の東京都慰霊堂で、都神社庁の青年組織「神道青年会」の若手神官ら約三十人が慰霊式を行った。ここには東京大空襲（四五年三月十日）の戦災死没者の遺骨が納められている。講堂には仏壇があり、そこでせみ時雨《しぐれ》に混じって神式の祝詞《のりと》が厳かに響いた。二十五万人の参拝客でごった返す靖国神社境内とは対照的な光景だった。

慰霊堂を設計したのは、京都の平安神宮や築地の本願寺を設計した建築家の伊東忠太《ちゅうた》

（一八六七〜一九五四）。「建築」という語を広めた建築史家でもあり、法隆寺の柱の胴張り（エンタシス）をギリシャの影響と指摘した説は特に有名で、建築界初の文化勲章を受章した。戦前、遊就館《ゆうしゅうかん》（一九三一年）や靖国神社神門（一九三三年）の改修にも携わったことがある。慰霊堂の高さ四十一メートルの三重塔、寺院風の本堂の構えは靖国神社同様に来る者を圧倒する厳かな雰囲気が漂う。

公園や慰霊堂は都の所有で、維持費も都が支出するが、管理は公益財団法人東京都慰霊協会（四七年設立）が担当。事務所の役員は都のOBが務める。毎年三月十日に池上本門寺、増上寺など著名五寺院の住職が輪番で大法要を行い、都知事や皇族が公務で訪れる。キリスト教や新興宗教の慰霊行事にも場所を提供し、神官らの「八・一五慰霊」も始まった。特定の宗教を助長することのない「多宗教」の施設だ。

政教分離原則を満たす「官有民営」型公的慰霊の先例とされ、大原康男・國學院大名誉教授や高森明勅・同大講師ら靖国神社を擁護する神道学者たちも「非宗教法人化の具体例」「政教分離原則に抵触しない」と着目する。もしかしたら終戦直後の「廟宮」制で検討された神道色にこだわらない公益法人としての靖国も、このような姿を思い描いていたのだろうか。

国家護持騒動の不毛

戦後「靖国問題」のピークの一つは、国家護持《ごじ》を目指し自民党の議員立法で国会に提出された靖国神社法案をめぐる騒動だ。はなから騒動と決め付けるのは他でもない。政教分離の立場から他の宗教者や多くの学識者が強く反対しただけでなく、本来なら国家護持を望むはずの靖国、神道、遺族の各関係者たちでさえ当時から、法案が国家慰霊の議論を置き去りにしたまま国会の駆け引き材料に使われる様子にほとほと愛想を尽かしていたからだ。元自民党参議院議員の森田次夫・日本遺族会前副会長は「最初から与野党の間の茶番劇だった。法案の中身は遺族会も靖国神社も願っていない。今になって思えば通らなくてよかった」と苦々《にがにが》しげに振り返る。

そもそもが靖国神社創立百年記念のセレモニーとして始まった。初めて国会に提出されたのは、百年記念日祭の翌日の一九六九年六月三十日。すでに国会の会期末が近く、一度も審議されずに八月五日、廃案となった。それも、自民党が第一次草案を発表してから十四年もたった時のことである。自民党内でさえ長年店《たな》ざらしにされていたものを、形だけ「出品」してみせたわけだ。いったん出してしまった以上、日本遺族会という自民党の最大最強支持組織への手前、簡単には引き下がれない。以来、毎年のように提出と廃案を繰り返すことになった。

憲法二十条の政教分離に反するかどうかが焦点だったため、法案の第二条には「靖国神社を宗教団体とする趣旨のものと解釈してはならない」と明記された。「神社は国民的伝統儀式であって宗教でない」として戦前、仏教徒やキリスト教徒も神社参拝を強制された「神社非宗教論」の論法と同じ。時に「宗教」、時に「非宗教」を使い分けるダブルスタンダードの典型だった。

法案の二面性も反映したのだろう。自民党内も憲法に配慮し宗教色を抑える現実派と、伝統重視の保守派で意見が割れた。稲葉修元法相や靖国神社総代を務めA級戦犯合祀《ごうし》を主張した青木一男参院議員らは法案に「英霊を公にまつる」の文言を入れるよう要求。「英霊の合祀奉斎という本体を除いて靖国神社に何が残るか」と主張し、「英霊不在論争」と呼ばれたが、結局「英霊を尊崇する」というあいまいな文言で決着した。

そこに冷戦体制下の保革対立構図も重なった。沖縄返還や日米安保条約改定といった重要課題が目白押しの時代、靖国法案の緊急性は明らかに低い。にもかかわらず与野党、自民党内、在野で激しく意見が対立するテーマだったため、審議することすら敬遠された。いつしか自民党は、靖国法案を審議しない代わりに、他の重要法案を通過させてもらうという野党への「あめ玉」として利用するようになる。七一年の統一地方選で、東京都、大阪府、横浜市、川崎市などで社共共闘による革新首長が続々当選し、七二年の総選挙では共産党が野党第二党に躍進するなど革新陣営が燃え盛っていた時代だった。

政争の具としてさんざんもてあそばれた挙《あ》げ句に七三年、五度目の国会提出。会期二百八十日という超長期国会だったが、靖国法案はまたも持ち越しとなり、翌七四年四月十二日夜、自民党は強行採決に打って出た。見かけは派手だが、実際は法案を体よく葬り去るために、終わりもセレモニー仕立てにしたようなものだ。当時の『毎日新聞』記事に情景が描写されている。

午後七時五十七分、理事たちにもみくちゃにされながら徳安（実蔵）委員長が委員長席にたどり着く。ほとんどの議員が「それっ」とばかりに取り囲んだ。

……口々に大声で怒鳴り合うので徳安委員長の声はまるで聞こえない。すかさず、浜田（幸一）氏（自）が委員長のイスに仁王立ちになって右手の指で輪を作り議席にサインを送った。これを合図に青嵐会の中山正暉氏（同）と三塚博氏（同）が立ち上がって何事か怒鳴ったがこれも聞き取れない。どうやら「審議打ち切り、採決動議」と言ったらしい。

するると、三塚博氏が大声で「採決されたぞ」と怒鳴ると与党議員は「バンザイ、バンザイ」と小躍りして互いに手を握りあっていた。無念やるかたない野党議員は「採決無効」を叫ぶ。青嵐会議員が徳安委員長を、がっちりガード、外に出ようとすると、廊下で待ち受けていた野党議員秘書たちが「外に出すな」と突っかかっていった。

やめさせようとする衛視、それに応援する与党議員秘書、薄暗い赤ジュウタンの廊下は三つ巴の大乱闘と化した。

衆議院内閣委員会の議事録にあるのは、以下の数行だけだ。

午後七時五十九分開議

徳安委員長「これより会議を開きます。……(発言する者、離席する者多く、聴取不能)許します。中山正暉君」

中山(正)委員「靖国……(聴取不能)」(発言する者多く、議場騒然)

徳安委員長「……(発言する者多く、聴取不能)散会いたします」

午後八時二分散会

この後、野党の審議拒否で国会は十日間ストップ。再開後の衆院本会議で、自民党が単独で法案を可決したが、裏では野党に参院では審議をせずに会期切れ廃案とすると約束したうえでの手続きだった。最初の提出から五年間、靖国法案は国会で一度も審議されることなく潰《つい》え去った。

遺族会の一般会員の中には、政教分離の意味をよく理解できていない善男善女も多かったようだ。当時の池田良八靖国権宮《ごん》司は、家族に不満を漏らしたという。「国家護持なんて出来るはずない。神社が記念碑になって人が来るのか。遺族はわかっていない。だけど遺族会は最大のスポンサーだから表だって出来ないと言えない」。政治の不毛を象徴する顚末《てんまつ》だった。

幻の国民総意、分祀論の行方

法案が国会でもみくちゃにされるはるか前、まだ草案の段階では、「戦後の国の慰霊」をどうするかについて、新たな国民合意を形成しようとする模索もあった。野党と歩み寄ろうとした自民党の現実派は、草案から神道的な表現を極力避けようとしたし、社会党も当初は、靖国神社を平和的施設にする法案を用意した。

一九五六（昭和三十一）年三月十四日、自民党が初めて発表した「靖国社法草案要綱」は宗教性がきわめて薄かった。「靖国社」とある通り、名称から「神」の一字を外し、「神社」と呼ぶのを止《や》めようとした。第一条の法案の目的も「国事に殉じた人々を奉斎し、……恒久の平和実現に寄与する」とあるだけで、お定まりの「英霊」「合祀《ごうし》」の文言はなかった。衆院海外同胞引き揚げ特別委員会の原健三郎委員長と逢沢寛《かん》理事（日本遺族会副会長）が作成した。

社会党も一週間後、「靖国平和堂（仮称）に関する法律草案要綱」を発表した。「殉国者の遺徳を顕彰し、これを永久に記念するため、靖国平和堂を設け……」という内容。名称は異なるが、宗教色を薄め、憲法に配慮した内容は似通っている。

終戦から十一年目。戦争の記憶はまだ生々しく、遺族会会員は八百万人とも言われ、そこに元軍人も加わって、多くの国民が靖国神社を国家管理してほしいと要望していた。自民党も社会党も党派の対立を超えた国民合意をめざす政治的動機もあった。

こうした動きを理論面で後押ししたのが神社本庁の機関紙、『神社新報』だった。神道史研究の論客である葦津《あしづ》珍彦《うずひこ》論説委員らが作成した「神社新報政教研究室報告」が同年八月二十五日付紙面に掲載されている。「靖国神社は憲法上の宗教団体でない。憲法が宗教の語を用いるときは、対立者の存在を予想している。宗教に起源を発する習慣や儀式や信条であっても、国民のすべてによって承認されていて、格別の反対者の存在しないやうな事が、幾らでもある。保守党でも社会党でもすべての議員が例外なく靖国神社の国家的公共的性格を認めている。反対者はもちろん無関心は一人もいない」

宗教性をどこまで薄めるかの議論はあるが、靖国神社の公共的性格を認めて自民、社会両党が歩み寄れば、靖国神社は宗教法人ではないと解釈され、国民総意で国家護持が完成するという主張だった。

だが、それを頑なに拒んだのは、他ならぬ靖国神社と日本遺族会だった。内部の検討会で、靖国神社の名称、施設、儀式を保持し、宗教色をそのまま残すよう言い張ったのだ。後の「松平三原則」の走りである。案件の「第一当事者」たちの強硬姿勢に、政党と神道の企《くわだ》ては為《な》すすべなく立ちすくみ、膠着《こうちゃく》したまま徒《いたず》らに歳月が過ぎた。そして十四年目に成立の展望もなく見切り発車で国会へ持ち込まれ、五年間の騒動を経て、散った。

自民党の強行採決で衆院を通過した後、七四年五月十三日に出た衆院法制局見解が、国家護持方式に止《とど》めを刺した。神道色を抑えたはずの自民党案ですら政教分離に反し、違憲の疑いがあるとしたのだ。議員立法に対する憲法解釈を司《つかさど》る法制局が、違憲の疑いを指摘したことは決定的だった。

「祝詞《のりと》は感謝の言葉に変える。降神、昇神の儀は止める。御神楽はそのまま踏襲することは問題である。拝礼は二拝二拍手一拝に拘泥せず、自由とすべき。神職の職名は変更されるべき」

国家護持するためには伝統的儀式を改めなければならない。つまり靖国神社を国家護持するには、無宗教の国立慰霊施設となることを意味したのだ。以後、同法案が提出されることはなかった。

衆院法制局がそれまでより宗教性を薄めるよう求めたのは、三年前の七一年五月に津地鎮祭訴訟の名古屋高裁判決が政教分離を厳格に解釈し、「神式の地鎮祭は宗教」と認めて神道非宗教論を退けたためとみられる。ところが、七七年七月の最高裁判決では、今度は高裁判決が変更される逆転判決だった。政教分離を緩やかに解釈し、「宗教的行為が特定の宗教を助長する目的があり、結果として助長する効果が認められる場合のみ違憲」とする「目的効果基準」が示された。これがその後の政教分離訴訟の基準となった。

松平永芳《ながよし》宮司を強く推薦した石田和外《かずと》長官以降、最高裁判事の過半数は保守派が占めるようになっていた。最高裁判決後であれば、七四年の衆院法制局見解もまた違ったものになっていた可能性がある。司法も左右に揺れた時代だった。

五度目の廃案と衆院法制局見解から間もなく、自民党の機関誌『月刊自由民主』七四年八月号に掲載された『靖国神社法案』の反対論等に答える」という問答の締めくくりが興味深い。

「問七　最後に、現在のままの靖国神社でよいとする説については」

「答　現状では、天皇陛下も、総理大臣も、公に参拝することができず、靖国神社は、国民の一部の浄財によって存在を続ける私的な存在に過ぎません。……靖国神社の国家護持が出来ない間は、わが国の戦後はまだ終わっていないともいえるでしょう」

宗教法人としての「靖国のかたち」を堅持する限り、政教分離を定めた現憲法の下では、靖国神社は天皇や首相が公に参拝できる公共的な慰霊施設にはなり得ないと、自民党が書いていた。靖国神社法案の不毛さに疲れ果てていたのだろう。それでも神社側は「公共的施設でありかつ神道を維持する」という立場を繰り返すばかりだ。

神社本庁の機関紙、神社新報の元幹部は靖国神社が陥《おちい》った隘路《あいろ》を嘆く。「靖国神社は百年しか歴史がない国家神道。神道に似ているが明治時代に作られたに過ぎない。国民が合意するならこれまでの神道にこだわらなくてもいいはずだ。靖国の逃げ道を作らないといけない」

宗教法人・靖国神社が今の姿のまま悲願の国家慰霊を担《にな》い得ないことは間違いない。戦前来、既成事実として続く非公式の特権的地位を失っていく状況は静かに進んでいるのだが、当事者の危機感は薄い。〇六年十月の靖国総代人事で、矢田部正巳・神社本庁総長が就任した。靖国神社はかつて国家管理だった経緯もあって神社本庁からは独立してきた。神社本庁総長が総代になるのは初めてだった。代わりに任期満了で退いたのは、石野清治・元厚生省次官。三代三十二年にわたりかつて合祀手続きを担った厚生省の事務次官経験者の指定席だったが、石野氏は役所の後継者を指名しなかったという。国とのつながりを薄め、自立色を強める靖国神社は、国家慰霊の中心であることも自ら拒んでいくことになるのだろうか。

二〇〇六年夏に起きた靖国神社のあり方をめぐる議論の盛り上がりは、GHQ統治下の「廟宮《びょうぐう》」制の模索、六〇年代後半〜七〇年代前半の国家護持運動に続く「靖国改革・第三の波」ともいうべき現象だった。「国立・無宗教の新たな追悼施設の建設」「千鳥ケ淵戦没者墓苑の拡充」「靖国神社の非宗教法人化」「A級戦犯分祀」など新たな国家慰霊の提案が飛び交ったが、議論は拡散したまま中断した。

騒々しい夏が小泉首相という「トリックスター」（阪本是丸・國學院大教授）の退場とともに去り、秋深まって靖国神社が元の平穏を取り戻していた同年十一月十五日午前、東京・九段会館に日本遺族会幹部が集まった。会長、副会長、常務理事ら約十人。古賀誠会長が切り出した。

「厚生省からA級戦犯の祭神名票が靖国神社に送られてきて、誰にも知らされずに合祀された。それを知った時に遺族会も大騒動だった。千鳥ケ淵の式典には自衛隊、皇族、首相が出席して大々的に行われているが、本来英霊が祭られている靖国神社では行われていない。このままでいいとは誰も思っていない」

遺族会の活動や靖国神社の歴史などに関する勉強会を設けることを提案し、全会一致で了承された。副会長（当時、前会長）の尾辻秀久元厚労相は「始めに何かありきで勉強することは反対する。ただ勉強すること自体は必要だ」と発言し、古賀会長の分祀論にくぎを刺した。〇七年七月の参院選で改選を迎える尾辻氏は、分祀を議論することで遺族会が割れるのを懸念していた。

三人の副会長は慎重姿勢だが、各都道府県遺族会から選出される常務理事をいれると古賀会長に同調する意見も少なくない。富田メモに続き、卜部《うらべ》亮吾《りょうご》侍従日記など新資料の公開が相次ぎ、遺族会の中にも分祀論が広がっている。常務理事の一人は「一般国民の支持を得るなら分祀に行かないといけない。勉強会でいずれ議題に出るだろう。参院選が終わったら本格的に議論を始め、靖国神社に要求するんじゃないか」と見通しを語った。

翌〇七年五月八日、やはり九段会館で開かれた勉強会の初会合で古賀会長はこうあいさつした。「遺族会の責任は重いですよ。これだけ世論がある中で、遺族会は今までどおりのこれでいいというわけにはすまないでしょう。しっかり勉強しましょう」。分祀という言葉は使わなかったが、静かな決意が読み取れた。

そして中座して記者団に囲まれると、更にトーンを強めて思いを語った。「天皇にお参り頂くことの期待感、悲痛な叫びが（遺族会の）根底にある。そういったことが勉強会の中で積み上げられるかどうか。時間は掛かるが、大事なことは遺族会は逃げてばかりはおれない」。古賀会長は靖国神社を議論に巻き込む決意で、着実に前に進もうとしている。

「靖国神社と遺族会は一体でないのか」。旧軍人で構成する軍人恩給連盟の藤本良爾副会長に疑問をぶつけると、含み笑いを浮かべながら「遺族会は基本的にハト派、反戦だ。あそこは家族を失った方だから」と答えた。最大支持組織の検討結果を靖国神社も無視できないとみられ、分祀論の行方は予断を許さない。

二十一世紀の「戦死者」

「年一回の小泉参拝」という形式的な〝戦果〟に舞い上がっているうちに、肝心の国家慰霊という目標はどんどん遠ざかり、靖国神社は国威発揚の政治プロパガンダの場としての性格を強めつつある。代わりに二十一世紀の国家慰霊を引き寄せつつあると見えるのは、東京・市ケ谷《いちがや》の防衛庁（現防衛省）敷地内に整備・拡張された「メモリアルゾーン（慰霊碑地区）」である。

「万一の時には、靖国神社に自衛官をお祭りする道を開いてほしい。これはお願いであって、お答えはいりません」。イラク復興特別措置法成立から一カ月半後の二〇〇三年九月十日、靖国神社総代の山本卓眞《たくま》・富士通名誉会長は石破茂防衛庁長官（当時）に言った。東京・大手町《おおてまち》の産経プラザで、旧陸軍士官学校のOB約百五十人が集まった「同台経済懇話会」の昼食会。石破氏は会釈も返さず黙って着席していた。

政府が陸上自衛隊のイラク派遣を決めたのは同年十二月。翌年一月に先遣隊が出発した。その後の総代会では、正式な議題とは別にたびたび「イラク戦争の殉職自衛官を合祀できるか」が話題になった。〇六年七月下旬に活動を終えて帰国した自衛官の中には、妻から渡された靖国神社のお守りを身分証のケースに忍ばせる者もいた。この自衛官は「靖国神社と自衛隊は関係ないが、国のために働くことでは同じ。靖国神社が見守ってくれるという思いからずっと首から提《さ》げていました」と打ち明けた。

石破氏は私たちの取材に「政府が言う立場にない。宗教法人靖国神社が『祭りたい』と言い、本人も遺族も望めば妨げる理由はない。答えを求められたら、こう言ったと思う」と述べた。防衛庁が公務死と認定したことを神社に伝えることはないが、その事実をもって民間の靖国神社が自主的に祭ればいいという考えだ。

集団安全保障の名の下に、いつ事実上の「戦死者」が出るかもしれない「新しいあいまいな戦争」の時代を迎え、国は新たな慰霊の方法を問われている。これまで靖国神社は、遺族の意向に関係なく「国が公務死認定した戦死者を合祀《ごうし》している」との立場で、遺族が合祀取り下げを求めても応じていない。護国神社への合祀を拒否する自衛官の遺族もいる。今さら石破氏の言うように、民間の判断だとして、遺族らが合祀を望む自衛官だけを選別できるはずもない。

一方で小泉政権の誕生から間もなく、政府は辻元清美衆院議員（当時社民、現民主）の質問主意書に「政府は（靖国神社を）わが国における戦没者追悼の中心的施設と位置付けているわけでない」との答弁書を閣議決定している（〇一年七月十日付）。〇五年六月に発表された神社本庁の基本見解では、靖国神社を「日本における戦歿者慰霊の中心的施設」「わが国の戦歿者に対する国民的な祈りの場」と位置付けたが、あくまで一宗教団体の私的見解にすぎない。法律上は民間法人で、国民意識向けには国家的な施設として振る舞う靖国神社の姿は、首相参拝の「公私使い分け」とダブり、新たな国家慰霊のあり方を複雑にねじれさせている。

旧陸士OB会翌日の〇三年九月十一日、防衛庁で森喜朗前首相（当時）も出席し、メモリアルゾーンの披露式が行われた。これまで戦争放棄が記された憲法九条の下、自衛官の戦死者は出ていないが、訓練中の事故死など殉職者は約一八五一人（一四年十月現在）いる。敷地の一角にあった自衛隊殉職者慰霊碑の周辺を、各国国防関係者を迎えて栄誉礼も行えるように整備、拡張したのだ。

拡張計画が持ち上がったのは、小泉首相が誕生する直前の〇一年三月。当時、官房長として計画を主導した守屋武昌元防衛事務次官は「戦前は靖国神社があったが、戦後は国としての慰霊をどうするかについて思考が停止している。これは防衛庁だけでなく国全体の問題だ。日本国のアイデンティティーを回復したいという思いがあった」と動機を語る。

まず問題だったのは、費用をどうするか。六二年に殉職者慰霊碑が建設された時の費用四百万円、さらに八〇年の建て替え費用五千四百万円。これらは、どちらも募金や自衛官OBが作る財団法人の寄付金でまかなわれた。政府は四八年一月三十日に閣議決定で「官庁の諸経費は、予算でもって賄い、寄付金等の形によって他に転嫁することは、極力これをつつしむこと」と寄付行為の自粛を呼びかけている。にもかかわらず、慰霊碑の建設・建て替えが寄付でまかなわれたのは、政教分離原則に配慮して国家予算を出さなかったためだ。実際、七九年三月には山口護国神社訴訟の山口地裁判決で国側が敗訴していた。殉職自衛官を護国神社に祭る行為に国が関与したと認定され、政教分離原則に反すると判断されたのだ。

守屋氏は政教分離に関する過去の判例を調べさせた。九三年二月十六日の箕面《みのお》忠魂碑慰霊祭訴訟の最高裁判決で、大阪府箕面市が行った忠魂碑の移転、再建、遺族会に対する敷地の無償貸与は、いずれも合憲とされていた。「専ら世俗的なものと認められ、その効果も、特定の宗教を援助、助長、促進し又は他の宗教に圧迫、干渉を加えるものと認められない」という理由だ。山口護国神社判決も、八八年六月に最高裁で「国の関与は補助的」と認定され、合憲の逆転判決が出ていた。司法上の問題はないと判断。部内の検討だけで約三億五千万円の国家予算が付いた。これまでの経緯に照らすと画期的なことだった。

政治的な反応にも注意を払った。着工した〇三年には、野党から「政教分離違反で軍国主義の復活につながる」という批判が出るのに備えて想定問答まで作ったが、特段の動きはなく、メモリアルゾーンは至って平穏に完成した。殉職者一人一人の名前が刻まれた銘板は慰霊碑の中に納められ、氏名や顔写真はデータベースで管理される。靖国神社の祭神簿と同じ様式だ。

市ケ谷の防衛省の敷地には戦前、陸軍士官学校があり、陸軍省参謀本部も置かれ、陸士出身の戦没者は敷地内の雄健《おたけび》神社に祭られていた。戦時中にご神体の剣や鏡は陸軍予科士官学校が新たに建設された埼玉県朝霞《あさか》市に移されたが、戦後、陸軍が解体されるとご神体は五六（昭和三十一）年に靖国神社へ納められ、燃やして昇神したという。

メモリアルゾーンの拡張にあたり、雄健神社跡地、陸軍大将阿南惟幾《あなみこれちか》茶毘之碑《だびのひ》など旧陸軍のものから自衛隊設立初期のものまで、関係する碑が一ヵ所に集められた。奇《く》しくも松平永芳《ながよし》元靖国宮司が陸上自衛官時代に勤務した「戦史室跡の碑」もある。「東京オリンピック支援集団司令部跡の碑」にも競技支援部員として松平氏の名前が刻まれている。

完成がイラク派遣の五ヵ月前だったのは偶然だが、守屋次官は密かに「もしイラクで死者が出たら、公務災害事故死としてここに祭られるはずだった」と覚悟を決めていた。

「靖国神社は戦前の話で、自衛隊とは全然関係ない」と割り切っていたという。だが万が一、二十一世紀の新たな戦死者が出て、防衛省の敷地内にある国の施設に祭られたとしたら、靖国神社は決して黙っていないだろう。新しい「靖国問題」の導火線は、いつ着火しても不思議はない。

メモリアルゾーンの披露式から二ヵ月余りたった〇三年十一月二十九日、イラクで復興支援会議に向かう途中だった外交官、奥克彦参事官（死後大使）（当時四十五歳）と井ノ上正盛三等書記官（死後一等書記官）（同三十歳）が銃撃を受け、殺害された。外務省では毎年七月、中央庁舎一階正面玄関の「顕彰の碑」で、殉職者に対する「顕彰の行事」が行われ、外相が献花している。奥大使と井ノ上一等書記官も、そこに加わった。日本の現状は、公務殉職者の慰霊も省庁縦割りなのだ。井ノ上一等書記官の父、靖夫さん＝宮崎県都城《みやこのじょう》市＝は、国全体の慰霊・顕彰について「やってもらわなくてもいいが、たまには国民のみなさんに息子のことを思い出してほしい」と語るのみだ。

火種は他にもある。各国の国防大臣は外国を訪れた際、相手国の戦没者慰霊施設に赴《おもむ》くのが国際儀礼となっている。これまで訪日した外国要人はしばしば靖国神社を訪れ、靖国神社はこれを外国から国家的施設として認識されている証拠の一つとして宣伝してきた。しかし、今後の外国要人はメモリアルゾーンを訪れることになる。〇三年十一月にアメリカのラムズフェルド国防長官（当時）が、〇四年二月には東ティモールのグスマン大統領（当時）が慰霊碑に献花した。〇六年もカナダやインドの国防大臣が訪れている。いずれも慰霊は平穏無事に済んだ。首相参拝への賛否が騒ぎになる靖国神社とは対照的だ。

小泉政権は海上自衛隊のインド洋派遣、陸上自衛隊のイラク派遣と海外での実績を積み重ねた。第一次安倍政権で防衛庁は省に昇格し、海外派遣の恒久法制定に向けた準備が進められた。メモリアルゾーンの整備・拡張は、そうした流れの一環に位置付けられる。〇六年十月二十八日には、遺族ら三百三十人とともに安倍晋三首相が出席して大々的な式典が行われた。すでに公的施設として認知されている。

海外派遣の本来任務化を契機に、防衛庁制服組には「いつ『戦死者』が出てもおかしくない。一国平和主義の戦後はもう終わった」（幹部）との認識が広がる。戦後の「靖国的矛盾」を放置し、靖国自身が変革を拒み続けている間に、幸いにして未だ出ていない二十一世紀の新たな「戦死者」を慰霊する場は、すでに靖国神社から遠ざかり、メモリアルゾーンへ移っているともみえる。国があり、「軍」を持つ限り、「戦死者」に対する国家慰霊の課題は避けて通れない。天皇とも神道とも無縁な行政による慰霊施設が、靖国神社に取って代わる日が静かに近づきつつある。

「わが体験的靖国論」

読売新聞グループ本社会長・主筆　渡辺恒雄《わたなべつねお》

また八月一五日が近づいてきた。靖国神社の公式参拝をめぐる動きが国内の政治的争点になるかもしれない。

最初に私の結論を申しておけば、靖国神社は、いわゆる「A級戦犯」が分祀されない限り、国家を代表する政治的権力者は公式参拝すべきでないということだ。

パリ不戦条約の意味

先の戦争に関しては、戦勝国側が名づけた太平洋戦争、敗戦した日本の政治指導者たちが名づけた大東亜戦争、あるいは日本の評論家が名づけた十五年戦争などの名称がある。私が勤務する読売新聞は、戦後史を顧みて、日本の戦争責任に関する新聞社としての社論を定めようとし、社内に戦争責任検証委員会を作った。そこで、不明確な呼称をやめ、「昭和戦争」と一応定義した。

また検証すべき歴史的な時代は、一九二八年（昭和三年）以後とした。その理由は、世界の近代史は、欧米のいわゆる列強といわれた軍事力の強い先進諸国が領土拡張を争って、帝国主義戦争が地球上の各地で勝手放題に展開された時期であった。しかし、そのような戦争に終止符を打とうという国際世論が盛り上がり、一九二八年にパリで「戦争放棄に関する条約」が締結された。これはケロッグ＝ブリアン条約とも通称され、「パリ不戦条約」とも呼ばれる世界初の、国際理想主義を体現する不戦条約である。フランスのブリアン外相と米国のケロッグ国務長官が提案者であり、一九二八年には十五ヶ国が調印、その後、一九二九年七月に発効し、参加国は六十三ヶ国となった。

その第一条に「戦争放棄の宣言」があり、そこに「締約国は国際紛争解決のため戦争に訴えることを非とし、かつ、その相互関係において、国家の政策の手段としての戦争を放棄することをその各自の人民の名において厳粛に宣言す」と明記された。この条約については日本国政府および国会は、一九二九年に批准している。したがって一九二八年以後に限って不戦条約が調印された後の日本の戦争責任を問うことは合理的であり、そうでなければそれ以前、勝手に帝国主義外交を展開し、後進国を武力で制圧し地獄の植民地にした先進諸国の罪もまた裁かれなければ不公平なことになってしまう。一九二八年以前の世界の戦争は、世界共通の歴史問題である。戦後の民主主義日本にとっては一九二八年以後の日本の戦争の拡大は「不戦条約」違反があった。

ここで一つ補足すると、憲法九条を守るか守らないかという、いわゆる「九条問題」が日本の戦後の最大の政治問題になっているが、憲法九条第一項とこの不戦条約の第一条とはほとんど内容的に変わりはない。つまり、憲法九条は何も日本固有のものではなくて、普遍的な世界共通の法規範となっていたのである。

戦争責任の検証

話を戻し、一九二八年以後の日本の戦争責任を考える立場からみると、問題は次のようにしぼられる。あのまったく勝ち味のない戦争に、なぜ突入したのか。何百万人という犠牲者を出しながら戦争を継続し、かつ敗戦が確定したにもかかわらず降伏をためらって、原爆投下やソ連参戦により、悲惨な被害を一層、拡大したのか。その戦争責任は一体誰が負うべきなのか。

今や戦争経験世代はごくわずかしか生存しておらず、大部分の国民が戦争を経験していない。つまり、戦争を起こした責任もなく、その後の戦争における残虐行為の実行者でもない戦後世代の人たちが諸外国から日本はあの戦争、つまり「昭和戦争」について、いまだに十分な謝罪をしておらず、その罪に対するあがないを怠っているという非難を浴びているのだ。戦後世代にとっては、おそらくこのことは不条理なことであり、自ら実感できないものではあるまいか。

古来、戦争による民族間の怨恨は、長い年月とともに風化して歴史上の物語となってしまうものである。そうでなければ、各国間の融和と世界の平和は成り立たない。先進諸国もかつてお互いに悲惨な戦争を展開しながら、それぞれの領土を画定し、また画定しきれなかったものは、中東や東欧の一部などに今日、紛争の火種を残しているところもあることは周知のことだ。しかし、たとえば英国、フランス、スペイン、オランダ、アメリカなど旧軍事大国に征服されたアジア、アフリカ、南アメリカ等の旧植民地諸国と、征服する側であった先進諸国との間では、大部分が和解し、歴史を超えて外交関係を正常化し、先進国と途上国が平和的に協力するのがほとんど常態になっている。

近くは一九六四年以後に展開されたベトナム戦争は米越間の残虐な戦争であったが、今は和解し、両国は協力して中国の脅威に対峙している。「いまや戦争の傷痕はすべて恩讐の彼方に」（二〇一四年七月一三日付け産経新聞・古森義久駐米特派員）去ったのである。

それがなぜ、日本の靖国問題がいまだに「侵略した加害国と侵略された被害国」の政治的なシンボルとして対立、紛争の原因になっているのだろうか。そこで、靖国神社の成り立ちと歴史を簡単に思い起こしてみよう。

靖国の起源

靖国神社は一八六九年（明治二年）に、明治天皇により「東京招魂社」として創建された。一八五三年（嘉永六年）のペリー来航以来の維新・戊辰戦争の戦没者を祭神として祀ることを目的としていた。そして一八七九年（明治一二年）六月四日、太政官達で、「別格官幣社」とされ、靖国神社と改称した。ペリー来航以来の明治維新、戊辰戦争、西南戦争、日清戦争、日露戦争、第一次世界大戦、満州事変等々で戦没した軍人、軍属、準軍属その他を合祀して戦後に至った。

昭和戦争史の著名な歴史学者・秦郁彦氏の『靖国神社の祭神たち』（新潮選書）などによると、その間、ここに祀られるのは官軍だけで、賊軍は祀られないとの趣旨で、西郷隆盛や戊辰戦争の賊軍とされた諸藩の戦没者は祀られなかった。しかし、不思議なことに、いわゆる賊軍とされた会津の松平藩の一部は戦没者として合祀されている。その理由は、禁門の変で松平藩が天皇の守護に当たったことだそうである。坂本龍馬、吉田松陰、高杉晋作、橋本左内、大村益次郎ら幕末の志士も「維新殉難者」として合祀されている。だが、会津松平藩を除く幕府軍や新撰組、彰義隊などは賊軍だというので合祀されていない。靖国神社の合祀基準は、このようにあいまいで混乱しており、近代的宗教施設でも歴史的合理性を持つ追悼施設でもない。

靖国神社は当初は兵部省、のちに陸、海軍省の共同管理になった。そして一九四五年の終戦後、一二月一五日にＧＨＱ（連合国軍総司令部）の国家神道排除という方針により、いわゆる「神道指令」が公布され、一時存在理由が不明確になった後、一九四六年九月に東京都知事の認証による宗教法人として発足した。この靖国神社は単立神社で、神社本庁に属せず、宮司以下の神職は神社本庁の神職資格が必要なく、特にA級戦犯合祀を断行した第六代宮司の松平永芳氏は旧軍人で自衛隊出身だったが神職資格を持っていなかった。しかし、この松平宮司のほぼ独断で、A級戦犯を含む大規模合祀が一九七八年一〇月一七日に行われた。

A級戦犯の合祀に関しては、松平宮司の先代の第五代・筑波藤麿宮司は「B、C級戦犯は被害者なのでまつるが、A級は戦争責任者」(二〇〇六年七月二〇日付け日本経済新聞)といって合祀をためらっていたにもかかわらず、松平宮司がほぼ強引にA級戦犯十四人を合祀した。A級戦犯の合祀が、靖国問題が政治問題化し国際的に拡大する原因になった。ただ、A級戦犯の合祀は、なぜか公表されず、一九七九年四月に報道されるまでは、表沙汰にならなかった。

昭和天皇・皇后両陛下は靖国神社が宗教法人となって以後、一九五二年一〇月一六日に初参拝され、一九七五年一一月二一日まで七回参拝された。しかし、天皇陛下は松平宮司によるA級戦犯合祀を非常に不快視され、A級戦犯合祀が明らかになって以後は、天皇陛下ご夫妻は参拝されていないし、現天皇も昭和天皇の意を汲み今日まで参拝されていない。この昭和天皇のご意思については、いくつかの文書で明白になっている。

中曽根首相の参拝中止とその後

中曽根康弘首相が一九八三年四月二一日に参拝後、諸外国からの反発も起こり始め、反対論は内外相呼応する形になった。

そこで、中曽根首相は腹心の瀬島龍三氏に頼み、板垣正参院議員（A級戦犯とされた板垣征四郎氏の二男）などと協力しA級戦犯遺族を歴訪し、自発的に分祀を認めるよう説得し、ほぼ分祀について合意ができた。だが、最後に東条英機元首相の遺族の猛反対で、瀬島氏の説得は失敗に終わった。このことは、瀬島氏の生前、私が瀬島氏から直接、聞いたところである。

そこで、中曽根氏は特に日中関係を配慮して公式参拝を中止した。しかし、一九九六年七月に橋本龍太郎首相が参拝したほか、小泉純一郎首相が二〇〇一年に中国側の反応に気を使い、便法として八月一五日を避け、一三日に参拝を実行した。その後、昨年の安倍首相の公式参拝で、中韓のみならず米政府の〝失望〟を招くに至った。

一方、まったく非宗教的な国民的戦没者追悼式として、毎年八月一五日に日本武道館で、天皇・皇后両陛下と共に三権の長が列席し、厳粛かつ盛大に全国戦没者追悼式が行われている。政府主催のこの式は、一九六三年から毎年、施行されている。

各国の追悼施設は……

米国のワシントン市郊外、バージニア州アーリントン郡にある無名戦士の墓をはじめ、世界各国では極めて純粋な非宗教的な追悼施設が国営されているか、あるいは公的な団体によって設置されている。アーリントン墓地に似た主要国の戦没者追悼施設の例を、日本政府の資料などをもとにあげておこう。

▽ドイツ・ベルリンのノイエ・バッフェ（NeueWache）　元は国王の衛兵所であったものが第二次大戦で破壊されたあとに再建。「ファシズムと軍国主義の犠牲者」のための「永遠の炎」が真ん中に作られ、一九九三年以来、ドイツ連邦共和国の中心的追悼の場となった。『戦争と暴力支配』のすべての『罪なくして犠牲になった者』が追悼対象になり、霊の実体としては、一九六九年に無名戦士一名と強制収容所犠牲者一名の亡骸の二体だけが象徴として埋葬されている。無宗教で政府主催の「国民哀悼の日」が、毎年一一月中旬、クリスマスから逆算して六週前の日曜日に開かれる。（バッフェとは直訳すれば番人とか衛兵のことである）

▽フランス・パリ凱旋門　一九二〇年、国民議会で凱旋門を追悼所とすることを議決した。第一次大戦以降のフランス国籍戦没将兵を対象とする無宗教の施設。門の床下の墓に

は、無名戦士一名の遺体のみが埋葬されている。国防省主催で、大統領、各国大使らが出席して行われ、第二次大戦戦勝記念日と第一次大戦休戦記念日に式が施行される。

その他各国毎に、追悼碑のみであったり、一部の無名戦士の遺体を埋葬したりしている。カナダでは、国会議事堂内の「平和の塔」に戦没者の名を記した六冊の「追憶の書」が置かれ、そこにはカナダ建国以来の海外での戦没者十一万人を超える名が記されている。各国の追悼施設はほとんどが宗教性がなく、政府、国会、軍等が管理している。したがって、戦没者追悼をめぐる海外の政治対立や紛争は報じられていない。

▽米・アーリントン国立墓地　諸外国の例で典型的なものとして挙げることができるのは、アーリントンの「無名戦士の墓」である。アーリントン墓地は、アメリカの南北戦争後に戦死者を弔う目的で作られたが、それぞれの家族等が主に墓碑を建設し、戦没者を慰めたものである。初期は北軍戦没者が多かったが、やがて南軍兵士も埋葬された。諸外国の元首、首相等を含めた首脳がお参りするのは、その中の「無名戦士の墓」である。この「無名戦士の墓」は、陸軍省管理のもと、軽武装した米軍兵士が常時守っていることが、墓地の尊厳性の象徴と認識されている。ただここに祀られている兵士は、第一次世界大戦、第二次世界大戦、朝鮮戦争の死者、戦争ごとに一名ずつの遺体だけである。かつてはベトナム戦争の無名戦没者を含めた四体が葬られていたが、ベトナム戦争の死者はＤＮＡ鑑定の結果、名前が判明し、「無名」でなくなったので、遺族、関係者に引き取られ、郷里に

葬られることになったため、三体のみとなった。それに比べ、千鳥ヶ淵戦没者墓苑は三十万柱を超える無名戦没者の遺骨がある。これは世界最多の数であろう。このように祭神の名儀や特定宗教と無関係な通常の諸外国の追悼施設と靖国神社とは性格が著しく異なっている。

しかも靖国神社は、宮司の勝手な、神社の教学解釈上できないという、迷信に近いような屁理屈でA級戦犯分祀はできないとしている。したがって、戦没者を追悼するあり方としては、国の行事は武道館における八月一五日の天皇・皇后両陛下がご出席される全国戦没者追悼式で完結するとし、一方で千鳥ヶ淵戦没者墓苑の運営母体を透明化したうえで、国会の議決によって無名戦没者の墓として認証し、これを靖国神社に代わる国民的な慰霊碑とするのも一つの方法だと思う。

中国侵略の責任は

靖国神社が、昭和戦争を聖戦だとし、そこで散った、すなわち聖戦に貢献した英霊を祀る神社であるという認識は歴史認識上、妥当なものとは思われない。なぜかといえば、あの戦争が、満州進出以後、盧溝橋事件に始まる軍部の無謀な戦争拡大によって大戦争になり、何百万という犠牲者を出した事実は否定できないからだ。一つ一つの歴史の節目節目を見ると、軍の実力を持った将校たちが中国侵略を正当化する理屈を作り出しながら、天皇はじめ中央政府の意思にしばしば反して戦争拡大を図ったもので、そのこと自体が多分に国の規律を逸脱した戦争犯罪とみられても仕方ないではないか。

陸軍は日本人居留民保護の名目で、一九二七年以後、「山東出兵」を敢行、一九二八年には陸軍のエリート将校たちが作戦を練り始めていた。結果、関東軍参謀の河本大作大佐が張作霖爆殺事件（二八年六月）を起こしたが、満州事変から日中戦争に至る全体の構想は、参謀本部の東条英機、武藤章、関東軍参謀の石原莞爾、板垣征四郎らの佐官級がひそかに計画していた。

石原、板垣らの謀議の結果、三一年九月一八日、奉天北方の柳条湖で鉄道爆破事件を起こし、これが満州事変の発火点となる。事件を拡大したのは、林銑十郎朝鮮軍司令官の満州への独断の越境進軍で、本庄繁関東軍司令官がこれに同調した。

秦郁彦氏は「石原、板垣、本庄、林は陸軍刑法違反で死刑相当」と語っているが、当時彼らは軍法会議に呼ばれるどころか、軍の出世街道を驀進するのみであった。（中央公論新社『検証　戦争責任Ⅱ』より）

こうして、政府と国民を「戦果」を使ってだましながら、あの昭和大戦争は一九四五年まで暴走を続ける。そうした個々の政治責任については、起訴された二十八人のA級戦犯以外に、裁かれることのなかった人物も少なくない。ただし、極東裁判の結果として、A

級戦犯二十八人のうち、病死者などを除く二十五人が有罪判決を受けた事実は、サンフランシスコ平和条約調印の際、日本政府として承認している。今や「戦争責任者の象徴」となっていて、変更作業は困難である。それより、政府は、「国民」の名において、全面的、大局的な歴史認識として、昭和戦争の非を認めた上で『加害者』と『被害者』の分別を概念的に確定し、歴史認識に関する道徳的基準を義務教育課程の教科書に記述し、国際政治的にこの問題に終止符を打つべきだと思う。

「特攻」「玉砕」の美名

また、真珠湾の奇襲も、あとで大使館の事務的なミスで宣戦布告が遅れたというが、宣戦布告通達前に奇襲し、さらに航空母艦が一隻もいなかったという作戦判断上の過ちもあった。当時思われていたほどの作戦上の戦果はなかったということだ。その約半年後、ミッドウェーで日本の空母の大部分を失った時点で昭和戦争の敗北は決定的となった。ガダルカナル島の戦いも作戦ミスによる完全な敗北であり、多数の犠牲者、特に日本兵の多くは餓死してしまった。さらに聖戦と英霊という言葉を美化するために、この敗戦の過程でしばしば玉砕や特攻作戦が必要以上に美化されている。

そもそも特攻作戦は、敗戦濃厚となった中で、反転攻勢を成就させるという幻のような計画のもとに大西滝治郎中将が発案したものだ。そのとき、軍令部総長及川古志郎大将が大西中将に対し、「くれぐれも兵士の自発的意志を尊重するようにして下さい」と要望し、軍人として最後の人権尊重意識を示したにもかかわらず、事実上はほとんど強制的な命令によって、実行した兵士の意に反して行われたケースが少なくない。大西は終戦の翌日、自決している。生前、大西は特攻を「統率の外道だ」と語っていた。

「玉砕」という言葉は、非人間的で残虐な作戦を美化するために発明された。由来は東条英機が陸軍大臣のときに出した「戦陣訓」にある。その中で「生きて虜囚の辱めを受けず」とあり、必敗の戦場でも捕虜となることを禁じられた。つまり、その結果、バンザイ突撃といった形の集団自決しか許されなかった。一九四三年五月のアッツ島戦の敗北時に、同島守備隊が援護を求めたのに対し、大本営がそれを見殺しにし、守備隊は全滅した。その時、大本営が発表文に使ったのが〝玉砕〟の始まりである。守備隊に対しては集団自決の強制であり、まったくむごたらしい作戦命令であったが、後にサイパン島など各地で強行され、いずれも戦時中は壮烈な敗戦を美化するためにこの言葉が使われた。国際法上、捕虜は保護すべきもので、先進諸国では「名誉の捕虜」とまでいわれる。東条陸軍大臣が出した「戦陣訓」は、極めて非人道的なもので、その犠牲者の霊のためにも許されるものではない。

私の軍隊体験

私は今年八十八歳で、戦時中陸軍の二等兵であった。戦争体験者の最後の世代に属する。そのころ私の友人や先輩たちが召集され、中には幹部候補生を志願してにわか作りの将校になり、前線に行った例がたくさんあるが、彼らが「靖国で会おう」という合言葉で喜んで戦線に赴いたという事実を目撃したことは一度もない。ほぼ敗戦確実だという情報は私たちは旧制高校の同級生等の父親に政府、軍等の指導者が少なからずいたので、戦況の事実をかなり知らされていた。そういう中での〝出征〟なるものがいかに強制的でかつ悲劇的なものであったかということは戦後世代の人たちは知らないだろう。

また日本の軍隊生活が下級兵士にとってどういうものであったかについても、私自身の陸軍二等兵としての経験及び友人らから聞いたことも加えここに記しておきたい。

陸軍は、師団、旅団、連隊、大隊、中隊、小隊という上下の組織がある。師団は一万人余りで将官が率い、最末端の組織単位が「内務班」と称され、一中隊に数個班があり、三、四十名の兵に伍長が班長として君臨する。これはほとんどが「タコ部屋」というべき暴力的組織である。私は二等兵として内務班に入れられたが、三食はコーリャン飯を茶碗に一杯と具のない味噌汁だけだった。まったく理由のないまま、古年兵に呼び出され、毎日顔を殴打され、口内は内出血で味噌汁の味もわからなくなった。ある時、一等兵が、丸太の束の並ぶ上で長時間、正座させられるという私刑（リンチ）を受けているのを見て、江戸時代の牢屋の拷問を思い出したこともある。

古年兵は、自分もやられてきたリンチを新兵に対し実行するのが特権の行使だと思って楽しみにしていたらしい。それが陸軍の末端組織であった「内務班」の伝統だった。

私は一〇サンチ榴弾砲の砲兵連隊にいたが、八月一五日の時点で実弾は配給されず、木製の模造弾で演習させられていた。私が敗戦を確信していたのは当然だろう。

開戦直後の勝利を信じて戦地に赴いた兵士たちと、敗戦確実と思いながら徴兵された兵士たちの思いは全く違う。そういうものを全て同一視して聖戦で戦没した英霊という言葉を戦後世代が勝手に使うことは、正当だとは思えない。

（『文藝春秋』二〇一四年九月号より転載）

参考文献

【序】

『毎日新聞』
『朝日新聞』
『読売新聞』
『岩手日報』
「前宮司に問う『靖国神社の謎』」湯澤貞著（『文藝春秋』二〇〇六年八月号所収）
「特集『昭和天皇』富田メモは『世紀の大誤報』か」（『週刊新潮』二〇〇六年八月十日号所収）
『侍従長の遺言―昭和天皇との50年』（徳川義寛、岩井克己著、朝日新聞社、一九九七年）
『昭和天皇独白録 寺崎英成・御用掛日記』（寺崎英成、マリコ・テラサキ・ミラー著、文藝春秋、一九九一年）
「小倉庫次侍従日記」（『文藝春秋』二〇〇七年四月号所収）

【第一章】

『春嶽公を語る　NHKラジオ放送』（松平永芳著、佐佳枝廼社、一九六九年）
「譲ることのできない伝統の一脈　祖父春嶽の精神を受け継ぐ者として」松平永芳著（『祖國と青年』一九九三年一月号所収）
『松平春嶽のすべて』（三上一夫、舟澤茂樹編、新人物往来社、一九九九年）
「松平春嶽公の特色」平泉澄著（『日本』一九八六年四月号所収）
「松平春嶽の思想形成の段階について」伴五十嗣郎著（『神道史研究』一九八六年一月号所収）
『松平春嶽未公刊書簡集』（伴五十嗣郎編、福井市立郷土歴史博物館、一九九一年）
「越前松平家の神祭への転換について　上中下」伴五十嗣郎著（『神道史研究』一九八〇年四、七、十月号所収）
「特集評伝　松平慶永（春嶽）」角鹿尚計著（『歴史読本』二〇〇六年一月号所収）
『松平春嶽』（中島道子著、PHP研究所、二〇〇三年）
「越前福井の明君・松平春嶽」角鹿尚計著（『日本』二〇〇六年十二月号所収）
『昭和天皇独白録　寺崎英成・御用掛日記』（寺崎英成、マリコ・テラサキ・ミラー著、文藝春秋、一九九一年）
『徳川義寛終戦日記』（徳川義寛著、朝日新聞社、一九九九年）
『一粒の麦　提督・醍醐忠重の最期』（吉本早兵著、栄光出版社、一九七四年）

『一軍人の最期　海軍中将侯爵醍醐忠重の俤』（松平永芳著、自家出版、一九五五年）
「最後の潜水艦隊司令長官醍醐中将」中村悌次著（『頼れる指揮官』森松俊夫編、芙蓉書房、一九八三年所収）
『明治・大正・昭和華族事件録』（千田稔著、新人物往来社、二〇〇二年）
「今は亡き松平永芳様の追憶」永江太郎著（『日本』二〇〇五年九月号所収）
「屈原の心境か」松平永芳著（『日本』一九七一年五月号所収）
「霊魂不滅　松平永芳様を偲ぶ」伴五十嗣郎著（『日本』二〇〇五年九月号所収）
『井上成美』（阿川弘之著、新潮社、一九八六年）

【第二章】

『靖国神社百年史　上中下、事歴年表』（靖国神社、一九八三～八七年）
『靖国』（靖国神社社報）
『神道人名辞典』（神社新報社、一九八六年）
『やすくにの祈り』（靖國神社、やすくにの祈り編集委員会編著、産経新聞ニュースサービス、一九九九年）
『先賢に学ぶ』（松平永芳著、自家出版、一九七一年）
『寒林年譜　正続』（平泉澄著、自家出版）

『別冊「歴史研究」神社シリーズ　靖国神社創立百二十年記念特集』（新人物往来社、一九八九年）
『最高裁物語　上下』（山本祐司著、日本評論社、一九九四年）
『私の履歴書　第45集』（日本経済新聞社、一九七二年）
『最高裁長官の戦後史』（野村二郎著、ビジネス社、一九八五年）
「石田和外〝司法の危機〟の演出者」野村二郎著（『法学セミナー増刊　最高裁判所』一九七七年十二月号所収）
『石田和外遺文抄』（石田恭子、量久編、自家出版、一九八〇年）
『子々孫々』（石田恭子編、自家出版、一九八一年）
『私の昭和史　戦争と国家革新運動の回想』（中村武彦著、昭和史研究所、二〇〇五年）

［第三章］

『靖国』（靖国神社社報）
『中外日報』
「譲ることのできない伝統の一脈　祖父春嶽の精神を受け継ぐ者として」松平永芳著（『祖國と青年』一九九三年一月号所収）
「霊魂不滅　松平永芳様を偲ぶ」伴五十嗣郎著（『日本』二〇〇五年九月号所収）

『靖国神社　遊就館図録』（靖国神社、二〇〇三年）
『靖国公式参拝の総括』（板垣正著、展転社、二〇〇〇年）

［第四章］

『靖国』（靖国神社社報）
『毎日新聞』
『山階宮三代』（山階会編、山階会、一九八二年）
「筑波藤麿氏を憶う」坂本太郎著（『日本歴史』一九七八年八月号所収）
『移りゆくものの影　インテリの歩み』（林健太郎著、文藝春秋新社、一九六〇年）
『読売新聞』
『岩波講座日本歴史　日唐関係』（筑波藤麿著、岩波書店、一九三三年）
『天皇と東大　大日本帝国の生と死』（立花隆著、文藝春秋、二〇〇五年）
『青年新聞』
『東京新聞』
『靖国神社百年史　上中下、事歴年表』（靖国神社、一九八三〜八七年）

［第五章］

『高松宮宣仁親王』（「高松宮宣仁親王」伝記刊行委員会、朝日新聞社、一九九一年）
『近江神宮　天智天皇と大津京』（『別冊歴史研究神社シリーズ』、新人物往来社、一九九一年）
『オイカイワタチ』（渡辺大起著、オイカイワタチ出版会、一九七五年）
『護国神道』（広島護国神社社報）
『志賀』（近江神宮社報）
『神道事典』（國學院大學日本文化研究所編、弘文堂、一九九四年）
『危険な歴史書「古史古伝」』（『別冊歴史読本』五四号、新人物往来社、二〇〇〇年）
『徹底検証 古史古伝と偽書の謎』（『別冊歴史読本』二九巻九号、新人物往来社、二〇〇四年）
『神道理論大系』（鹿島昇、吾郷清彦編、新国民社、一九八四年）
『新中外』
『靖国』（靖国神社社報）
「靖国神社『鎮霊社』のミステリー」秦郁彦著（『文藝春秋』二〇〇一年十一月号所収）
『神社新報』
『新編　靖国神社問題資料集』（国立国会図書館編、二〇〇七年）

【第六章】

「信教自由と靖国神社　戦犯刑死者合祀の難問」（『小日本』一九七九年七月号所収）
『中外日報』
『皇族』（広岡裕児著、読売新聞社、一九九八年）
「能久親王事蹟」森鷗外著（『鷗外全集第三巻』所収、岩波書店、一九七二年）
『明治天皇』（ドナルド・キーン著、二〇〇一年、新潮社）
『日本統治下の海外神社　朝鮮神宮・台湾神社と祭神』（菅浩二著、弘文堂、二〇〇四年）
『尊い参謀の宮さま』（渡辺善房著、清水書房、一九四一年）
「松平容保と奥羽列藩同盟の組織」宮崎十三八著（『日本の組織図事典』所収、新人物往来社、一九八八年）
『私の抗日天命　ある台湾人の記録』（林歳徳著、社会評論社、一九九四年）
『埼玉新聞』
『神社新報』
『東京朝日新聞』
『国民新聞』
『海外神社史』（小笠原省三編、ゆまに書房、二〇〇四年）

『侵略神社　靖国思想を考えるために』（辻子実著、新幹社、二〇〇三年）
『神道事典』（國學院大學日本文化研究所編、弘文堂、一九九四年）
『靖国』（靖国神社社報）
『やすくにの祈り』（靖國神社、やすくにの祈り編集委員会編著、産経新聞ニュースサービス、一九九九年）
「『靖国』の基礎知識――20のQ＆A」阪本是丸著（『靖國論集　日本の鎮魂の傳統のために』所収、江藤淳、小堀桂一郎編、近代出版社、二〇〇四年）

〔第七章〕

「靖国神社と千鳥ヶ淵墓苑」（『戦友連会報』一九七二年八月号所収）
「靖国神社及戦争犠牲者慰霊塔（仮称）に就て」堀内一雄著（『援護』一九五六年十一月号所収）
「援護会の使命に就て」砂田重政著（『援護』一九五七年三月号所収）
「軍関係以外一般の戦争犠牲者の援護」（『援護』一九五六年十二月号所収）
「千鳥ヶ淵戦没者墓苑創立の由来のはなし（1）」（『千鳥ヶ淵』一九七三年二月号所収）
「援護会理事会の状況」（『援護』一九五六年十一月号所収）
「無名戦没者の墓を建立」（『日本遺族通信』一九五六年十一月号所収）

「全国戦没者の墓建設経過の概要(二)」堀内一雄著(『援護』一九五七年一月号所収)
『援護50年史』(厚生省社会・援護局援護50年史編集委員会監修、ぎょうせい、一九九七年)
「援護会役員会の細部」(『援護』一九六三年四月号所収)
「墓苑問答」(『援護』一九六三年六月号所収)

【第八章】

『招魂社成立史の研究』(小林健三、照沼好文著、錦正社、一九六九年)
「占領下の靖国神社」渋川謙一著(『神道史研究』一九六七年十一月号所収)
『岸本英夫集第5巻　戦後の宗教と社会』(岸本英夫著、渓声社、一九七六年)
『神祇院終戦始末　神社の国家管理分離資料』(神社本庁、一九六四年)
『天皇と神道』(ウィリアム・P・ウッダード著、サイマル出版会、一九八八年)
『神道指令の研究』(大原康男著、原書房、一九九三年)
『GHQの人びと　経歴と政策』(竹前栄治著、明石書店、二〇〇二年)
『全国護国神社会二十五年史』(全国護国神社会、一九七二年)
『NHKスペシャル　靖国神社　占領下の知られざる攻防』(NHK、二〇〇五年八月十三日放送)

『神社新報』
『靖国神社問題資料集』（国立国会図書館調査立法考査局、一九七六年）
「問題視されない政教関係事象の数々」大原康男著（神政連レポート『意』156号所収）
『靖国神社百年史　上中下、事歴年表』（靖国神社、一九八三～八七年）
『毎日新聞』
衆議院ホームページ（国会会議録検索システム）
『月刊自由民主』（自由民主党編、一九七四年八月号）

本書は二〇〇七年に毎日新聞社から刊行された
単行本を加筆修正の上、文庫化したものです。

靖《やす》国《くに》戦《せん》後《ご》秘《ひ》史《し》

A級戦犯《きゅうせんぱん》を合祀《ごうし》した男《おとこ》

毎日新聞《まいにちしんぶん》「靖国《やすくに》」取材班《しゅざいはん》

平成27年 8月25日　初版発行
令和7年 1月25日　4版発行

発行者●山下直久

発行●株式会社KADOKAWA
〒102-8177　東京都千代田区富士見2-13-3
電話　0570-002-301（ナビダイヤル）

角川文庫 19329

印刷所●株式会社KADOKAWA
製本所●株式会社KADOKAWA

表紙画●和田三造

ISBN978-4-04-405807-4　C0195

◆◇◇

角川文庫発刊に際して

角川源義

第二次世界大戦の敗北は、軍事力の敗北であった以上に、私たちの若い文化力の敗退であった。私たちの文化が戦争に対して如何に無力であり、単なるあだ花に過ぎなかったかを、私たちは身を以て体験し痛感した。西洋近代文化の摂取にとって、明治以後八十年の歳月は決して短かすぎたとは言えない。にもかかわらず、近代文化の伝統を確立し、自由な批判と柔軟な良識に富む文化層として自らを形成することに私たちは失敗して来た。そしてこれは、各層への文化の普及滲透を任務とする出版人の責任でもあった。

一九四五年以来、私たちは再び振出しに戻り、第一歩から踏み出すことを余儀なくされた。これは大きな不幸ではあるが、反面、これまでの混沌・未熟・歪曲の中にあった我が国の文化に秩序と確たる基礎を齎らすためには絶好の機会でもある。角川書店は、このような祖国の文化的危機にあたり、微力をも顧みず再建の礎石たるべき抱負と決意とをもって出発したが、ここに創立以来の念願を果すべく角川文庫を発刊する。これまで刊行されたあらゆる全集叢書文庫類の長所と短所とを検討し、古今東西の不朽の典籍を、良心的編集のもとに、廉価に、そして書架にふさわしい美本として、多くのひとびとに提供しようとする。しかし私たちは徒らに百科全書的な知識のジレッタントを作ることを目的とせず、あくまで祖国の文化に秩序と再建への道を示し、この文庫を角川書店の栄ある事業として、今後永久に継続発展せしめ、学芸と教養との殿堂として大成せんことを期したい。多くの読書子の愛情ある忠言と支持とによって、この希望と抱負とを完遂せしめられんことを願う。

一九四九年五月三日